Autor _ Eurípides
Título _ As bacantes

Copyright _	Hedra 2010
Tradução© _	Eudoro de Sousa
Edição consultada _	*As bacantes*. São Paulo: Duas Cidades, 1974
Agradecimento _	João Ângelo Oliva Neto
Corpo editorial _	Adriano Scatolin, Alexandre B. de Souza, Bruno Costa, Caio Gagliardi, Fábio Mantegari, Iuri Pereira, Jorge Sallum, Oliver Tolle, Ricardo Musse, Ricardo Valle

Dados _

Dados Internacionais de Catalogação na Publicação

E91 Eurípides (480 a.C–406 a.C)
  As bacantes. / Eurípides. Tradução e introdução de Eudoro de Sousa. – São Paulo: Hedra, 2010. 144 p.

  ISBN 978-85-7715-173-8

  1. Literatura Grega. 2. Teatro. 3. Grécia. 4. Tebas. 5. Tragédia Grega. I. Título. II. Sousa, Eudoro de, Organizador. III. Sousa, Eudoro de, Tradutor.
  CDU 875
  CDD 880

Elaborado por Wanda Lucia Schmidt CRB-8-1922

Direitos reservados em língua portuguesa somente para o Brasil

EDITORA HEDRA LTDA.

Endereço _	R. Fradique Coutinho, 1139 (subsolo) 05416-011 São Paulo SP Brasil
Telefone/Fax _	+55 11 3097 8304
E-mail _	editora@hedra.com.br
Site _	www.hedra.com.br

Foi feito o depósito legal.

Autor _ Eurípides
Título _ As bacantes
Organização e tradução _ Eudoro de Sousa
São Paulo _ 2011

Eurípides (Salamina, 480 a.C.–Pela, 406 a.C.) é o tragediógrafo grego de quem se conservou o maior número de peças, dezoito, segundo a maioria dos críticos. No ano de 455 a.C. apresenta em concurso trágico uma trilogia de que fazia parte a tragédia *Filhas de Pelias*, conquistando o terceiro lugar. Consta que não obteve sucesso cedo. Vindo a vencer seu primeiro concurso trágico apenas em 440, não alcançou mais do que quatro vitórias nos seus restantes 34 anos de atividade. Com idade avançada, retira-se de Atenas para a corte do rei Arquelau, em Pela, na Macedônia, onde morreria dois anos depois. Teve três filhos, o mais jovem vindo a se tornar também poeta trágico. Arquelau construiu para Eurípides um túmulo no vale de Aretusa; mais tarde também foi homenageado em Atenas com uma estátua, ao lado das de Ésquilo e Sófocles, no teatro de Dioniso. Dentre suas peças com data de apresentação conhecidas contam-se *Alceste* (438), *Medeia* (431), *Hipólito* (428), *As troianas* (415), *Helena* (412), *Orestes* (408), *Ifigênia em Áulis* e *As bacantes*, representadas um ano depois de sua morte, em 405. Dentre aquelas com datação incerta estão *Andrômaca*, *Hécuba*, *Eléctra*, *Heráclidas*, *Hércules furioso*, *As suplicantes*, *Ifigênia em Táuride*, *Íon* e *As fenícias*.

As bacantes, representada pela primeira vez em 405 a.C., é uma das mais célebres tragédias de Eurípides. A população de Tebas, a começar pelo rei Penteu, é arredia aos cultos orientais do deus Dioniso que, ofendido, vai à cidade com o fim de se impor e punir sua insubmissão. Além de sua excelência artística, trata-se de um dos principais testemunhos antigos sobre o menadismo, religião de origem oriental que está presente na Grécia desde o período micênico. Segundo o helenista Jean Pierre Vernant, "Dioniso está presente quando o mundo estável dos objetos familiares, das figuras tranquilizadoras, oscila para se tornar um mundo de fantasmagorias onde o ilusório, o impossível, o absurdo tornam-se realidade."

Eudoro de Sousa (Lisboa, 1911–Brasília, 1987) formou-se pela Faculdade de Ciências da Universidade de Lisboa e especializou-se em Filologia Clássica e História Antiga pela Universidade de Heidelberg. Veio para o Brasil em 1953 e lecionou na Universidade de São Paulo e na PUC. Em 1962 transfere-se para Brasília e faz parte do grupo que funda a Universidade de Brasília, onde criaria, três anos depois, o Centro de Estudos Clássicos. É autor de *Dioniso em Creta e outros ensaios* (São Paulo: Duas Cidades, 1973), *Horizonte e complementariedade: Ensaio sobre a relação entre mito e metafísica nos primeiros filósofos gregos* (São Paulo: Duas Cidades, 1975), *Filosofia grega* (Brasília: UnB, 1978) e *Mitologia* (Brasília: UnB, 1995), além de uma consagrada tradução da *Poética* de Aristóteles (2ª ed. Porto Alegre: Globo, 1966).

SUMÁRIO

Introdução, por Eudoro de Sousa.................... 9

AS BACANTES 17
Prólogo 19
Párodo 21
Primeiro episódio 24
Estásimo 31
Segundo episódio 33
Estásimo 37
Terceiro episódio.................................. 39
Estásimo 49
Quarto episódio.................................... 51
Estásimo 54
Quinto episódio.................................... 56
Estásimo 60
Êxodo.. 61

COMENTÁRIO 71

INTRODUÇÃO

EURÍPIDES, terceiro e último dos trágicos que a tradição consagrou como os maiores da Grécia, nasceu provavelmente em 485/4, isto é, quarenta anos depois de Ésquilo, e dez depois de Sófocles. Se levarmos em conta apenas os dramas cujo texto se conservou, e pensarmos que Ésquilo, com os *Persas*, obteve a coroa da vitória nas Grandes Dionísias de 472, e que as *Bacantes*, glória póstuma de Eurípides, foi representada pela primeira vez depois de 406, fica-nos ainda, sempre e apesar de todas as irreprimíveis exigências de racionalidade, o Milagre Grego, como a única "explicação" da súbita fulgurância com que irrompem e se sucedem, na Hélade, gêneros poéticos que vão assinalando, época por época, toda a sua história clássica. E como se a concentração da dramaturgia ática em tão poucos decênios não bastasse para nos ferir de espanto, ainda convém lembrar que, do princípio ao fim da história da tragédia, tanto se modificaram os valores estéticos do gênero, que não é exagero insistir sobre o que muito seriamente já foi dito e repetido: o *Orestes* de Eurípides, por claríssimo mas não singular exemplo, muito mais próximo está do *Hamlet* de Shakespeare, do que das *Coéforas* de Ésquilo ou mesmo da *Electra* de Sófocles.

Este juízo não corre grande risco de desacerto, quando a análise comparada incide sobre a maioria dos dezoito dramas que restam de Eurípides e o que depreender se possa do estudo dos fragmentos e argumentos de mais de setenta peças que se perderam. Não há dúvida que a ação dramática decorre, no último dos trágicos, predominante e quase exclusivamente em cena, e tão desvinculada do coro, que mal entendemos como poderia ter nascido a tragédia de um genial "improviso dos entoadores do ditirambo" (Aristóteles). E tanto menos se duvidará de que aí o herói trágico já deixara de ser como simples vaso de argila que, tocado pelo fogo do céu, se quebra em mil pedaços esfumaçantes. Medido pelos parâmetros de tragicidade, aplicados aos dramas de Ésquilo e de Sófocles, que sempre incluem e têm de incluir o grau de verossimilhança com que os deuses se apresentam no próprio desenrolar da ação (Ésquilo) ou além do extremo limite para que tende a mesma ação (Sófocles), na verdade, Eurípides sai diminuído, pelo menos enquanto é certo que na maioria das vezes os "seus" deuses só intervêm para cortar nós que os homens não conseguem desatar...

Inabilidade de poeta-filósofo, em que a "arte", posta ao serviço de um moderno jeito de pensar, já não pode haurir do curso torrencial do "engenho" o clássico esplendor da forma? Racionalismo de filósofo-poeta que, na sequência de Xenófanes, antecede e prepara a obra demolidora de Platão contra a demasiado-humana farsa que os "Olímpicos" desempenham na mitologia da poesia épica? Inabilidade ou racionalismo? Ninguém ousaria optar pelo primeiro membro da alternativa. Mas o segundo foi atentamente considerado por estudiosos e críticos responsáveis, e "Eurípides, o racionalista" (Verrall) circulou como a fórmula que mais facilmente se aplica em numerosas instâncias em que importa decidir acerca do que na realidade vale a poesia de um dramaturgo tão acaloradamente discutido e tão diversamente apreciado.

É nesta perspectiva que as *Bacantes* se nos defrontam como o mais árduo problema, entre tantos que empeçam, a cada passo, o caminhar da história da poesia dramática dos gregos ao encontro de uma figura que ressalte, em nítidos contornos, da obscura nebulosidade envolvendo testemunhos, escassos e não poucas vezes indecifráveis.

Por outro lado, e ao invés do que acima deixamos escrito, não há notícia de austeridade e severidade judicativas que ensombrem a reputação do poema; e a censura ao poeta que, nas últimas cenas, ousou tender as cordas da emoção quase até o limite do horror que uma audiência grega poderia suportar, esvai-se, antes de enunciada, nos lábios de quem ouviu com temor reverente a primeira ode das Mênades Asiáticas (párodo) e o hino à Santidade (i estásimo); de quem imaginou com cores e movimento de vida o "idílio" das Bacantes de Tebas, que o primeiro núncio relata a Penteu (iii episódio). Muito mais notável, porém, é que Eurípides, ou no deliberado propósito de arcaizar, ou porque o possuísse, a ele também, o furor do deus *Ditirambo*, de certo modo regressasse às formas primevas, na última tragédia que escreveu: antes dele, só Ésquilo levara à cena os mitos dionisíacos, e, antes das *Bacantes*, só em Ésquilo o coro representa seu papel com tamanha intensidade dramática.

Mas, por outro lado, depara-se-nos a história, longa e triste, de uma ingrata descida aos mais fundos abismos da incompreensão: a que começa e recomeça no momento da inevitável e fatal pergunta acerca da intenção que teria movido o poeta a compor esta tragédia. Não que a pergunta não seja legítima e oportuna, formulada, como o tem sido, em relação a uma época de dois milênios distante dos que acreditam no que dizem, quando falam de "arte pela arte". Foi assim que um dos mais celebrados estudiosos das *Bacantes* (Nihard, 1912), depois de pormenorizadamente examinadas e criteriosamente julgadas todas as hipóteses anteriormente propostas, concluiu que Eurípides só pretendeu escrever uma tragédia bela! Não há que negá-lo: na arquitetura e na plástica, na poesia épica, lírica e dramática, os gregos voltam para muitos de nós somente a face que lhes queremos ver. Mas não lancemos mãos à vã tarefa de coligir testemunhos clássicos em abono da nossa crença esteticista: só num vocabulário elementar o *kalós* tem o descolorido significado de *belo*.

Por conseguinte, quando os tais abismos se abrem aos pés de quem começa inquirindo os propósitos do poeta, não é que ele os não tivesse; não é que na beleza, com a beleza e pela beleza do verso, não pretendesse veicular mais do que o belo. Ao contrário, tanto mais fundo se escancaram esses abismos, quanto mais adentro de nós se radicar a certeza de que, nas *Bacantes* também há que procurar uma verdade, — uma verdade, porém, que parcialmente se recolhe a si mesma, se entranha e se recusa, no mesmo instante em que se nos afigura presa fácil e parece que nas mãos a temos firme.

Basta assinalar os que tresleram. Quem se atreverá a reafirmar que as *Bacantes* é um manifesto do livre-pensamento contra os males que da religião nos advêm (Girard, 1904)? Quem ousará reincidir na extravagante tese da hipnose coletiva, mediante a qual um Dionísio-Impostor provoca nas Mênades a ilusão de um palácio em ruínas (Norwood, 1908; Verrall, 1910)? Mas importa insistir sobre os intérpretes mais recentes e, ao que parecerá a algum leitor distraído, muito mais abertos e compreensivos. Ora, estes, se bem que ao poeta concedam o que só na mais completa cegueira poderiam recusar-lhe, — o haver prestado incomparável testemunho de uma gloriosa teofania —, não deixam de restringir singularmente o alcance do poema, asseverando um (Dodds, 1944 e 1960) que "a moral" das *Bacantes* consiste em evidenciar o alto preço que pagamos por desdenhar das exigências que a diacosmese dionisíaca impõe ao espírito humano, e outro (Winnington-Ingram, 1948) que Eurípides, reconhecendo o poder de Dioniso, quis advertir-nos de que a única arma contra ele seria compreendê-lo e propagar essa compreensão.

A não considerar senão os mais representativos intérpretes e os mais elevados expoentes da crítica, escutando o que nos dizem ou pretendem dizer-nos, e sem temor do aparente absurdo em que caímos, pensando que ambos de uma vez tocaram a única verdade do drama, teríamos de admitir que Eurípides o escreveu num tremendo esforço por se libertar da mais trágica das contradições — precisamente aquela em que ele próprio se apresenta como solicitando a experiência dionisíaca e armando-se contra ela!

Nada tão verossímil quanto pensar que semelhante contradição revolvesse a alma do poeta; nem que, sob outro aspecto, a mesma já se encontre prenunciada na inspiração do *Hipólito*, cuja "moral" também consistiria em relevar que "o sexo é coisa sobre a qual não podemos permitir-nos o cometer equívocos" (Dodds). No entanto, é mormente aqui, nesta segurança de uma análise a que não podemos negar tenacíssima diligência construtiva, que mais inquietos nos sentimos e maiores dúvidas nos invadem. Será que o assíduo recurso à psicologia, essa inclinação quase fatal para depor nas mãos de uma ou outra potência da alma a chave de tantos enigmas que uma divindade grega nos propõe, deixa aberto, em toda a sua vastidão, o horizonte traçado pela ação dramática de

INTRODUÇÃO

Hipólito e, sobretudo, das *Bacantes*? Não o cremos. Nem tampouco que, vindo juntar-se à legião de psicólogos, a sociologia, a antropologia ou qualquer outra ciência do "homem" o possa alargar à medida da tragédia. De geração em geração, nunca faltará leitor que não se contente de "aproximações"; leitor que não saiba ou não pressinta que o horizonte do trágico se esfuma e ensombra, quando se lhe oculta o sol atrás de nuvens que, afinal, são crias disformes do seu calor excessivo.

O problema das *Bacantes* é Dioniso. Mas Dioniso não é só uma obscura potência da alma; não é só uma fermentação periódica de forças abissais que ameaçam a tranquila vigência de normas instituídas pelo sufrágio da *pólis* soberana; não é só a repetida irrupção de refreadas subculturas de marginais e oprimidos. Em suma, não é caso de médico ou de polícia. O que as *Bacantes* nos apresentam na cena trágica é Dioniso, como problema, como problema de Eurípides, problema da sua época, problema da Grécia Clássica, que à hora crepuscular, revolvendo os olhos para dentro de si, estremece de espanto ao descobrir que o espírito — vontade disciplinadora e inteligência ordenadora —, não poderia aniquilar toda a irracionalidade elementar, sem que, no mesmo ato, destruísse a sua própria razão de ser. *Disciplinar* e *ordenar* são verbos transitivos!

Dioniso é o problema das *Bacantes*, porque as *Bacantes* o representam como um deus; e um deus, para nós, há muito que se vem tornando no mais problemático dos problemas. Com efeito, para que a razão se demita e se recuse a dar um passo, basta que nos assalte a tão leve suspeita de que os deuses da Grécia possam ter sido mais do que nomes poeticamente significativos das mesmas realidades que designamos em prosa chã, ao falarmos, por cansado exemplo, de "faculdades da alma" ou de "forças da natureza". O intelecto discursivo detém-se, por necessidade interna, no ponto que alcançou a praxe humanística, resvalando aceleradamente pelo pendor de um alegorismo estéril. Da Afrodite do *Hipólito* é fácil descer até o que não é mais do que atração do sexo, e do Dioniso das *Bacantes*, até o que não ultrapassa o delírio da embriaguez. Difícil é volver à nascente. Adicionem-se ao desvario amoroso e ao êxtase delirante quantos valores estéticos se encontrem no decurso da escalada, que nunca a soma perfará o todo. É bem de ver que, em lugar de "todo", devíamos ter escrito *"epifania de um deus por obra da poesia trágica"*.

AS BACANTES

PRÓLOGO

DIONISO — Chegado sou a esta terra tebana, eu, Dioniso, filho de Zeus, dado à luz pela cria de Cadmo, Sémele, partejada pelo fogo do relâmpago. Minha forma divina pela de um mortal trocada, eis-me aqui, junto às fontes de Dirce, defronte às águas do Ismene. Vejo o túmulo de minha mãe, fulminada pelo raio, beirando o palácio e as ruínas de sua casa, esfumaçando ainda pela chama sempre viva do fogo de Zeus: vingança de Here, signo de ultraje que não tem fim. Louvores a Cadmo que o lugar erigiu em inviolável recinto: eu o velei sob racimadas frondes da vinha.

Tendo deixado os campos preciosos da Lídia e da Frígia, e percorrido os altiplanos da Pérsia, dardejados pelo sol, as cidades muradas da Báctria e as paragens sinistras dos Medas, a Arábia feliz, toda a Ásia que orla o mar salgado com os altos muros de suas cidades repletas de Gregos misturados com Bárbaros, venho a esta terra grega, mas só depois de fazer que todos aqueles povos dançassem e de haver fundado os mistérios meus, para que divindade manifesta me torne entre os mortais.

Primeira cidade na Hélade, foi Tebas que soltei ululante! As mulheres revesti da pele do corço e em suas mãos depus o tirso, dardo de hera envolto. Já que as irmãs de minha mãe — as que menos o deviam ter feito — diziam que Dioniso não nascera de Zeus, e que Sémele, seduzida por qualquer mortal, ao grande deus imputava a mácula em seu leito (astuciosa mentira de Cadmo!), e que de haver propagado as falaciosas núpcias a fulminara

Zeus, por isso mesmo para fora de portas as toquei com o aguilhão da insânia. Agora, da mente alheadas, vagueiam pelos montes. Impus-lhes os paramentos das minhas orgias, e toda a feminina estirpe de Tebas, todas as mulheres que na cidade havia, desenfreadas andam por fora de suas casas; lá estão, com as filhas de Cadmo, no meio de fragas, sob os verdes pinhos. Ainda que o não queira, sabedora será esta cidade de a quanto importa ignorar os mistérios báquicos, e eu, tendo que defender minha mãe, hei de mostrar-me aos homens como a divindade nela gerada por Zeus.

Penteu, a quem Cadmo confiou o cetro régio — que de filha sua nascera —, em mim combate o combate iníquo: de suas libações me aparta, em suas preces me olvida. Mas hei de mostrar-lhe que deus eu sou, a ele e a todo o povo de Tebas! Depois, bem cumprido o que aqui cumprir devia, a outros países dirigirei meus passos, por toda a parte expondo minha divindade. E se Tebas em fúria, de armas nas mãos intenta das montanhas arrancar as Bacantes, na batalha lançarei as Mênades. Por isso, de mortal vesti o semblante e minha forma divina mudei em natureza humana.

Mas, vinde vós, ó Tíaso meu, mulheres que deixastes o Tmolo, baluarte da Lídia, e desde as bárbaras nações a meu lado estais e por companheiras tenho. Vinde! Erguei os vossos tamborins oriundos da Frígia, por Reia-Madre e por mim achados. Que em redor da morada de Penteu ressoem e toda a cidade de Cadmo vos olhe! Por mim, nas quebradas do Citeron me ajuntarei às Bacantes, a dirigir seus coros.

PÁRODO

[Proêmio]

CORO — Da terra asiática, do sagrado Tmolo acorro; que, sendo por Brômio, doce pena, suave fadiga é exaltar a Baco, gritando "Evoé!" Quem passa? Quem passa? Quem? Recolhei-vos, profanos! Vós todos, fechai os lábios, guardando silêncio sagrado. Sempre, conforme o rito, a Dioniso entoarei meus hinos.

[Estrofe 1]

Ó feliz, bem-aventurado aquele que conhecendo os mistérios divinos, sua vida santifica, sua alma enfervesce, pelos montes dançando com Baco, purificado com os ritos místicos, e de Cibele, Mãe Suprema, as orgias celebra e a Dioniso serve coroado de hera, empolgando o tirso. Ide Bacantes! Ide Bacantes! Trazei a Brômio, deus de deus filho, Dioniso. Trazei-o das montanhas frígias para as praças amplas da Hélade, onde é bom dançar. Trazei-o, trazei a Brômio.

[Antístrofe]

Que outrora em transes do parto fatal, imaturo saiu do ventre materno, por força do raio alado de Zeus. Fulminada, a mãe deixou a vida, mas logo Zeus Crônida novo tálamo ao filho apronta, na própria coxa o abriga, com fíbulas de ouro o encerra, de resguardo aos olhos de Here. À luz o deu ele, quando o quiseram as Moiras — ao deus tauricornudo —, e de grinaldas de serpentes o coroou. Desde essa hora, as Ménades, nutrizes de feras, usam serpentes nos cabelos entrelaçadas.

[Estrofe II]

Coroai-vos de hera, ó Tebas que criaste Sémele! Fazei germinar, fazei germinar o verde smílax de belos frutos. A dança báquica dança, com ramos de abeto, com ramos de pinho. De flocos de pelo branco esparzei vossas nébridas e em vossas mãos fervorosas tomai do nártex arrogante, que, de súbito, a terra inteira ressaltará dançando! Para os montes, Brômio conduzirá os tíasos, para os montes onde os espera o feminil tropel, que os fusos, os teares desertou sob o aguilhão de Baco.

[Antístrofe]

Ó tálamos dos Curetas, ó de Creta sacratíssimo berço de Zeus infante! No recôndito de vossas grutas é que os Coribantes do elmo tríplice me inventaram este orbe de couro tenso e ressoante, e depois, juntando seu alvoroço ao mais doce suspiro das flautas frígias, nas mãos de Reia-Madre o depuseram, para que ao cântico das Bacantes fizéssemos eco. Da Mãe Divina os ganharam os loucos Sátiros, e em instrumento se tornou das trietéridas danças que alegram o coração de Baco.

[Epodo]

Quando pelos montes correm os tíasos, é doce cair por terra, cingido do sacro velo, perseguir o corço e matá-lo, devorar-lhe as carnes sangrentas, lançando-se pelos serros da Frígia, pelas montanhas da Lídia, quando Brômio vai na frente. Evoé! O solo escorre leite, arroia o vinho e o néctar das abelhas, exala o incenso da Síria. E Baco, ao alto erguendo o facho ardente de pinho, amarrado ao nártex, corre, salta, clamores solta pelo errantes, para de novo os atrair aos coros. Enquanto gritando os incita, os cabelos revolve ao vento. E no meio dos belos cantos, brada: "Ide Bacantes! Ó ide Bacantes!" Com o fulgor rutilante do Tmolo, escorrendo ouro, cantai Dioniso ao som dos tímpanos de surdo bramido. Gritando "Evoé!", o deus Évio magnificai; magnificai o deus com frígios clamores, enquanto o loto a sacra melodia entoa, que conduz a vagante fúria para os montes, para os montes... E tal como uma poldra segue a mãe pela campina aberta, a Bacante corre e salta com seus pés velozes.

PRIMEIRO EPISÓDIO

TIRÉSIAS — (*À porta do palácio de Cadmo.*)

Quem guarda a porta? Fazei sair do palácio o filho de Agenor, Cadmo, o que outrora veio de Sidon e amuralhou esta cidade Tebana. Ide, anunciai-lhe que Tirésias o quer presente. Demais, sabe ele a que venho, sabe o que um velho com outro mais velho concertou: cingir a nébrida, de hera envolver o tirso e coroar a fronte.

CADMO — (*Saindo do palácio e vindo ao encontro de Tirésias.*)

Amigo, lá dentro, de um sábio a sábia voz escutei. Pronto me tens, já investido das insígnias do deus. Quanto em nosso poder, glorificado seja o nume que de minha filha nasceu, Dioniso, que aos homens se revelou. Aonde levaremos nossos pés? Onde iremos dançar? Onde agitaremos nossos brancos cabelos? Tirésias, guia tu, velho, o velho que sou, tu que és sábio. Doravante, noite e dia, não cessarei de bater o solo com este tirso. Como é bom, sendo idoso, a idade esquecer!

TIRÉSIAS — Sentes o que eu mesmo sinto. Sou jovem, como tu: aos coros me vou juntar.

CADMO — De carruagem, não poderemos ir até as montanhas?

TIRÉSIAS — A pé, maior honra prestamos ao deus.

CADMO — Velho que sou, um velho irei conduzir?

TIRÉSIAS — Até eles, o deus nos levará sem custo.

CADMO — E dos Tebanos, só nós dançaremos as báquicas?

TIRÉSIAS — Em são juízo, só nós dois; os outros, não.

CADMO — Demais tardamos. Anda, dá-me a tua mão.

TIRÉSIAS — Ei-la, toma-a na tua, e segura-a bem.

CADMO — Nascido mortal, os deuses prezo.

TIRÉSIAS — Com os deuses, não cabe o sofisma. As crenças pátrias, antigas como o próprio tempo, nenhum juízo as abala, por muito que se esforce a mente sutil. Alguém dirá que minha velhice não sente pudor, pretendendo dançar, coroado de hera. Mas não disse o deus se a velho ou jovem convinha a dança. As mesmas honras de todos exige, sem diferença nem limites.

CADMO — És cego, Tirésias, e não vês o que meus olhos veem. De minha boca saberás o que sucede: açodado, para este lado dirige seus passos aquele a quem dei poder sobre a nossa terra, Penteu, o filho de Equíon. E que turvo semblante! Que virá dizer-nos?

PENTEU — (*Sem se aperceber, no momento, da presença dos dois velhos.*)

Desta terra ausente, bem longe, ouvi falar de outros males que caíram sobre esta cidade; que nossas mulheres abandonam seus lares, correm pelos montes boscosos a venerar com danças um tal Dioniso, um novo deus. No meio dos tíasos se erguem, ao que dizem, crateras repletas de vinho. Por toda a parte, em ermos lugares se entregam ao prazer dos machos. Tais são os ritos das Mênades; porém, antes de Baco, a Afrodite celebram!

De quantas me apoderei, lá jazem, de mãos atadas, nos cárceres públicos, à guarda de meus servos. Às outras, caça lhes darei pelos montes. Em minhas redes de ferro as terei cativas. Ino e Ágave, que me gerou de Equíon, e Autônoe, a mãe de Actéon. Prestes hei de pôr fim à bacanal odiosa.

Dizem que um forasteiro aqui chegou, mago da terra Lídia, de fulvos cabelos em madeixas perfumadas, de pele rosada e olhos ressudando as graças de Afrodite, e que, dia e noite, os mistérios báquicos consuma junto com as mulheres jovens. Se alguma vez o alcanço, aqui sob meu teto, não mais o solo baterá com o tirso, nem os cabelos agitará ao vento, pois a cabeça lhe cortarei do tronco. Dá-se ele pelo deus Dioniso, o tal outrora costurado numa coxa de Zeus! Mas a verdade é que foi consumido pelo fogo do raio, no ventre de sua mãe, que ousou alegar os divinos esponsais. Então? Não será digno de forca o estrangeiro, quem quer que ele seja, o insolente que me insulta?

Ah! Mas que novo prodígio é este? Pois não vejo Tirésias, o adivinho de presságios, vestido de sarapintada pele de corço, com o pai de minha mãe — ó ridículo espantoso! —, empunhando o tirso, como um bacante? Pai, eu me envergonho de tua velhice insensata. Não tirarás essa grinalda, não largarás da mão esse tirso, ó pai de minha mãe? Tirésias, decerto foste tu quem o persuadiste, tu, que este novo deus queres entre os homens, para mais lucro auferires dos presságios alados e das entranhas das vítimas! Não te protegessem esses cabelos brancos, e já agrilhoado estarias no meio da Bacantes, ó iniciador de novos ritos! Pois não creio em orgias sãs, quando a mulheres se serve o licor da vinha.

CORO — Que de palavras ímpias, estrangeiro! Não temes nem aos deuses nem a Cadmo que fez brotar a celebrada messe? Tu, um filho de Equíon, queres desonrar tua estirpe?

TIRÉSIAS — Quando um sábio discorre acerca de nobre assunto, não lhe custa o bem falar. Mas tu, se tua língua é ágil e parece revelar bom senso, nenhuma razão há no que dizes. E quando razão não tem, triste cidadão é aquele que só audácia possui e o vigor da palavra.

Esse novo deus, alvo de teu discurso escarninho, nem sei dizer-te quanta para a Hélade será a sua grandeza. Jovem, duas coisas há, primaciais, entre os humanos: uma, a deusa Deméter, que é a terra, — por qualquer dos nomes podes chamá-la —, a que do elemento seco nutre os homens; e outra, o seu oposto, o filho de Sémele, que achou o doce suco da vinha, o que ele nos trouxe para pôr fim às penas dos míseros mortais, pois quando se repletam do sumo da vide, dormindo se esquecem de seus males cotidianos — que outro remédio não há para nossas dores. Sendo ele próprio um deus, para os outros deuses é vertido como oferenda, de modo que a ele devem os homens todos os bens que lhes cabem.

Achas risível que Zeus o tenha costurado em sua coxa? Pois bem, verás como a explicação é fácil. Quando Zeus arrebatou o filho ao fogo do relâmpago, e ao Olimpo transportou o deus-menino, Here o queria precipitar do céu; e Zeus, como só em poder dele estava, novo ardil imaginou: tendo rasgado uma parte do éter que circunda a terra, essa parte, Dioniso fingido [***][1] a Here a deu, como penhor do ciúme. Mais tarde, veio a dizer-se que Dioniso na coxa de Zeus fora criado — haviam mudado a palavra: porque o deus era penhor do ciúme de Here, disseram depois que em sua coxa Zeus o criou.

[1] Os astericos assinalam lacuna no original.

PRIMEIRO EPISÓDIO

E profeta é este nume; pois o báquico frenesi tem muito de divinatório. Se copioso em nós penetra, logo o deus faz que os ébrios vaticinem. E de algum modo participa de Ares: erga-se contra ele um exército em armas, antes que se entrechoquem as lanças, o terror o dispersa. Loucura tal, da mesma maneira de Dioniso vem. E tu o verás sobre os penhascos de Delfos, archotes em punho, brandindo e agitando o ramo báquico. Enfim, um grande deus para toda a Grécia! Crê em minhas palavras, Penteu. Não penses que tua força tudo possa entre os homens, nem, só porque assim o julgas, que sábio sejas, com tua mente insana. Acolhe o deus; de tuas libações não o apartes; celebra as orgias; cinge tua fronte de hera.

A Dioniso não compete constranger as mulheres à castidade, em servindo elas a deusa Cípria. A moderação é ingênuo dom, que a uma ou outra incitará para todo o sempre. E repara: mesmo em arroubos báquicos jamais se corromperá a mulher prudente.

Vê bem: se a ti te compraz que o povo se avulte às portas de teu palácio, aclamando e glorificando o nome de Penteu, assim esse deus se regozija com as honras que lhe prestam. Eis por que, eu e Cadmo, a quem vituperas, iremos dançar, fronte cingida de hera. Não obsta o teu escárnio: dançaremos ambos, parelha encanecida. Nunca palavras tuas me persuadirão a lutar contra os deuses. Loucura dolorosamente louca é a tua; nenhum remédio te aliviará o mal e algum veneno foi a causa dele.

CORO — Tuas palavras, velho, não ultrajam a Febo e honram a Brômio, o grande nume. És sábio!

CADMO — Meu filho, bem te advertiu Tirésias. Permanece conosco, não infrinjas as leis. Nesta hora divagas e tua

EURÍPIDES

razão sem razão razoa. Ainda que, como dizes, não existisse esse deus, dize para ti mesmo que ele existe. Mentira piedosa, para que, aos olhos de todos os mortais, seja Sémele a mãe de um deus e tal honra caiba à nossa raça inteira. Lembra-te do cruel destino de Actéon, que os cães carniceiros, por ele mesmo criados, despedaçaram, quando um dia caçava, vanglorioso de se avantajar a Ártemis! Para que o mesmo te não suceda, eu de hera coroarei tua fronte; vem conosco, honras prestar ao deus.

PENTEU — De sobre mim não retirarás essa mão? Vai-te! Vai para outro lugar fazer de bacante! Não me infectes de tua loucura.

(*Apontando Tirésias.*)

Mas este, que mestre de insânia foi teu, hei de puni-lo!

(*Para um servo*)

Depressa, corre à sede donde profere os oráculos, pega de um pau ou de um tridente e revira tudo, que nada fique de pé, e ao furor dos ventos arremessa todas as suas sagradas faixas. Assim procedendo, mais o afligirei. E vós outros, ide, correi à cidade, e achei a pista desse forasteiro efeminado que introduziu nova moléstia entre nossas mulheres e corrompeu nossos leitos. E quando o pegardes, trazei-o, acorrentado, a mim, para que sob pedras expie sua culpa e amargas lhe sejam as orgias de Tebas!

TIRÉSIAS — Infeliz! Nem sabes o que dizes. Antes deliravas, agora enlouqueceste. Vamos nós dois, Cadmo, oremos por ele, se bem que tão fero, oremos por nossa cidade, para que o deus não desfira algum golpe sem par. Segue-me. Toma o meu bastão envolto de hera, sustenta meus passos, que eu sustentarei os teus. Vergonha seria que dois velhos caíssem! Suceda o que suceder, importa servir a Baco, filho de Zeus. Que Penteu algum luto não traga a teu lar. Não falo como profeta, mas pela força dos fatos. De estultícia são as palavras dos estultos.

ESTÁSIMO

[Estrofe I]

CORO — Santidade, veneranda deusa, Santidade, que pairas sobre a terra com tuas asas de ouro, escutaste as palavras de Penteu? Não ouves o ímpio ultraje a Brômio, filho de Sémele, primeiro dos deuses beatos à mesa dos ledos festins, àquele cujo dom é folgar nas jubilosas danças, ao som das flautas, adormentar nossas dores, quando o humor dos vinhedos esplandece no convívio dos numes e, nos banquetes engrinaldados de hera, a cratera nos infunde o torpor?

[Antístrofe]

A palavra sem freio e insensatez sem lei, desgraça põe fim. Razão e quietude somente, da intempérie nos preservam as casas. Que, embora longe, no éter, habitem, os Urânidas veem as ações dos homens! Sabedoria não é a do sábio que para além da órbita do que é mortal razoa. A vida é breve: quem o alongado visa, nem o próximo alcança. Para mim, tal o viver de desatinada e desaconselhada gente.

[Estrofe II]

Ah, quem pudera abalar para Chipre, para a ilha de Afrodite, mansão dos amores! Amores que dos mortais a mente fascinam e o coração encantam; ou para Faro que as chuvas do céu não fecundam, mas as torrentes do rio bárbaro que por cem bocas correm; ou para a Piéria belíssima, estância das Musas e do Olimpo sacro pendor. Para lá me encaminha, Brômio, ó Brômio, das Bacantes o guia,

ESTÁSIMO

Évio demônio! Lá moram as Cárites, lá o desejo! Lá é lícito tuas orgias a gosto celebrar.

[Antístrofe]

O deus de Zeus filho compraz-se nos festins, ama a Paz, dadora de opulência, divina nutriz da juventude; ao mísero o dom oferece, tanto como ao faustoso, do vinho a alegria sem mágoa; e aborrece quem vontade não tem de, por dia claro ou noite amiga, até o fim viver a vida abençoada. Eu a aceito, esta crença que a ignara gente segue, esta crença em que a turba crê.

SEGUNDO EPISÓDIO

UM SERVO — Penteu, aqui estamos. Apresada temos a presa que a perseguir nos mandaste; perdido não foi nosso labor. Tão mansa esta fera que vês, que nem procurou escapar-nos fugindo. De bom grado nos estendeu as mãos e não lhe empalideceu a face. Corado e ridente, ele mesmo nos incitou a que agrilhoado o trouxéssemos. Brando encargo nos deu! Enleado eu, que lhe dizia: "Estrangeiro, não por minha vontade, mas ao comando de Penteu te apreso". Quanto às Bacantes que encarceraste e em pública masmorra puseste a ferros, escuta: soltas andam nos bosques, dançando, clamando por seu Brômio divino; por si mesmas, as cadeias desenlearam seus pés, saltaram os ferrolhos das portas, sem que mão de mortal lhes tocasse. Ah, decerto, para a encher de maravilhas sem conta, este homem chegou a Tebas!

PENTEU — Soltai-o. Em minhas mãos apresado, tão lesto não será, que possa livrar-se.

(*Olhando Dioniso*)

Feio de corpo não és, forasteiro; hás de agradar às mulheres. Por isso não vieste a Tebas? Na luta não foi que teus cabelos cresceram e pelo rosto, voluptuosos, te ondejam. Branca é tua pele: naturalmente, ao abrigo do sol, na sombra, a preservas. Cativas por tua beleza as graças de Afrodite... Mas, saibamos, qual a tua origem?

SEGUNDO EPISÓDIO

DIONISO — Fácil dizê-lo, e sem jactância. Conheces o Tmolo, a montanha florente?

PENTEU — A que a cidade de Sardes em círculo abraça? Sim, conheço.

DIONISO — De lá venho. Lídia é a minha pátria.

PENTEU — E donde, os mistérios que para a Hélade trazes?

DIONISO — De Dioniso, filho de Zeus, a iniciação recebi.

PENTEU — Há por lá, então, um Zeus que novos deuses procria?

DIONISO — Não. Aqui é que núpcias selou com Sémele.

PENTEU — E como te constrangeu? Estavas sonhando ou desperto?

DIONISO — Face a face o olhando, confiou-me seus ritos.

PENTEU — Mas que são esses mistérios? Dize-me.

DIONISO — Conhecê-los, não é lícito aos profanos.

PENTEU — Alguma vantagem hão de conferir aos que os consumam...

DIONISO — Notáveis, deveras; mas não posso dizer-te quais.

PENTEU — Belo conto me contas, para que mais perguntas te faça!

DIONISO — Os ímpios têm horror aos mistérios da divindade.

PENTEU — Asseguras ter visto o deus. Qual era o seu aspecto?

DIONISO — O aspecto que lhe aprouve; não lho impus.

PENTEU — De novo me iludes, coisa nenhuma dizendo.

DIONISO — Ao ignaro parece tolo, quem sabiamente fala.

PENTEU — E aqui vieste primeiro, a trazer-nos um demônio tal?

DIONISO — Seus mistérios, já todos os bárbaros celebram.

PENTEU — Se muito mais estultos são que os Helenos...

DIONISO — Nem tanto. Só os costumes diferem.

PENTEU — E quando festejais as orgias? De noite ou de dia?

DIONISO — De preferência, à noite. Mais veneranda é a sombra.

PENTEU — E para as mulheres cilada certa...

DIONISO — A atos torpes, também o dia se presta.

PENTEU — Serás punido, por teus maldosos sofismas!

DIONISO — E tu, por tua impiedosa estultícia.

PENTEU — Atrevido Bacante, capcioso sofista!

DIONISO — Qual o meu suplício? Que penas me vais impor?

PENTEU — Primeiro te cortarei essas madeixas delicadas...

DIONISO — São sagradas; em honra do deus as cuido.

PENTEU — Depois, fora com esse tirso das mãos!

DIONISO — Vem e tira-mo. Este tirso a Dioniso pertence.

PENTEU — E guardar-te-emos a ferros, dentro de nossas prisões.

DIONISO — Queira-o eu, e o deus me libertará.

PENTEU — Só se o chamares, do meio de tuas Bacantes...

DIONISO — Já agora aqui junto está, vendo as dores que passo.

SEGUNDO EPISÓDIO

PENTEU — Onde? Onde? Que não o veem meus olhos!

DIONISO — Aqui onde estou. Ímpio que és, como poderias vê-lo?

PENTEU — Levai-o, que a mim e a Tebas ultraja!

DIONISO — Não me prendam. Mando eu, sábio, aos que o não são.

PENTEU — E eu, que te acorrentem. Sou o mais forte!

DIONISO — Não sabes o que dizes, nem o que fazes, nem o que és.

PENTEU — Meu nome é Penteu. Sou filho de Equíon e de Ágave.

DIONISO — À desdita te predestina o nome.

PENTEU — (*Para um servo*) Corre! Encerra-o aí ao lado, bem no fundo dos estábulos, para que seus olhos só vejam as trevas profundas.

(*Voltando-se para Dioniso*)
Aí podes dançar! E quanto às que te acompanham, cúmplices tuas, vou a vendê-las, ou, depois de pôr fim ao fragor dos instrumentos sonoros, as voltarei ao tear; serão minhas escravas.

DIONISO — Sim, vou. Mas jamais hei de sofrer o que sofrer não devo. E fica certo: Dioniso, o deus que tu negas, vingança tirará do ultraje. Pois se em mim injúria cometes, é a ele que em grilhões arrastas.

ESTÁSIMO

[Estrofe]

CORO — Dirce, filha de Aquéloo, veneranda virgem, que em tuas fontes outrora acolheste o recém-nato de Zeus! Quando o filho arrebatava ao fulgor imortal, para em sua coxa o guardar, o deus, gritando, assim clamou: "Vem, Ditirambo, entra em meu seio viril! Que por este nome eu te aclamo, ó Báquio, e mando que doravante em Tebas assim te chamem!" E agora tu me repeles, ó Dirce beata? Agora que, grinaldifloridos, a ti vieram meus Tíasos? Por que me rejeitas? Porque me foges? Ah, pelo grato dom de Dioniso, pelos viçosos racismos te juro que de Brômio cuidarás ainda!

[Antístrofe]

Quanta, ó quanta fúria a terrígena estirpe do dragão ostenta, Penteu, de Equíon Ctônio gerado! Monstro de viso feroz, já não criatura mortal, gigante sanguinário, pelejando contra os deuses, breve me terá cativa, a mim, eleita de Brômio, que já em seu palácio, em cárcere tenebroso, retém o príncipe do meu tíaso. Vês tu, Dioniso? Não vês tuas seguidoras a braços com o destino? Desce do alto Olimpo, ó Senhor da Áurea Coma, vem agitando o tirso e humilha o tirano algoz.

[Epodo]

Para onde conduzes os coros, ó Dioniso portador de tirso? Para Nisa, berço das feras? Para os píncaros da Corícia? Acaso para os frondosos tálamos do Olimpo, onde Orfeu outrora, tangendo a cítara, conciliava as árvores e

ESTÁSIMO

as bestas feras? Piéria ditosa, a que Évio honras confere! A ti o nume virá, a dirigir teus coros, tuas báquicas orgias; à frente do tropel das Mênades passará o vertiginoso Áxio e o Lídia depois, para os mortais dispensador de ventura, pai da fortuna, cujas águas belíssimas, di-lo a fama, embebem a terra dos velozes corcéis.

TERCEIRO EPISÓDIO

DIONISO — (*De dentro do palácio*) Iô! Escutai, escutai minha voz! Iô Bacantes! Iô Bacantes!

CORO — Quem está lá? Quem? Donde o apelo de Évio me alcança?

DIONISO — Iô! Iô! De novo vos chamo! Eu, de Sémele, de Zeus, o filho!

CORO — Iô! Iô! Senhor, Senhor, vem a nós, a nosso tíaso! Brômio, ó Brômio!

DIONISO — Divino Espírito do Terremoto, abala este solo!
(*Ouve-se trovejar.*)

CORO — — Ah... Prestes cairá em ruínas a morada de Penteu!
— Dioniso está presente. Adorai-o!
— Adoramos!
— Vistes a pétrea trave mover-se sobre as colunas?
(*De novo soa o trovão.*)

DIONISO — Inflama o facho rutilante do raio! Consome, consome o palácio de Penteu:
(*Da tumba de Sémele, erguem-se chamas mais altas.*)

CORO — Olhai! Não vedes aquele fogo em redor do sagrado túmulo de Sémele, qual o que um dia ali deixou o fulminante luzeiro de Zeus? Prostrai no solo, ó Mênades, vossos corpos frementes, que o soberano filho de Zeus jogou por terra o palácio de Penteu.

TERCEIRO EPISÓDIO

DIONISO — (*Saindo de trás da cena*) Bárbaras mulheres! Tanto o terror vos prostra, que no solo jazeis? Ouvíeis, parece, que Baco derruía a casa de Penteu. Mas erguei-vos, firmai vossos membros, deles bani o frêmito!

CORO — Ó luz suprema das orgias báquicas, como exulto de ver-te, eu que no ermo andava!

DIONISO — Ao desânimo vos rendestes pois, quando Penteu no cárcere sombrio?

CORO — Como não esmorece? Que guardião me restava, se desgraça caísse sobre ti? Mas como te livraste, se estavas em poder do ímpio?

DIONISO — Facilmente, sem esforço, por mim próprio me livrei.

CORO — A ferros não te pusera ele ambos os braços?

DIONISO — Por aí mesmo o iludi. Supondo encadear-me, nem me pôde agarrar, nem me tocou de leve, e não que lhe faltasse esperança! No estábulo achou um touro. Tentando ligar-lhe os jarretes, os cascos, de furor bufava, suor vertia, nos lábios fincava os dentes. E eu, junto dele, olhava... Foi então que Baco chegou, sacudindo os muros do palácio e alumiando o fogo no túmulo materno. Ao ver tais coisas, Penteu, julgando a casa em chamas, corria de um lugar para outro e dava ordem aos servos para que portassem água corrente. Todos se afanavam na vã tarefa. Mas logo de mãos largou o trabalho, pensando que eu fugiria; e pulou, brandindo negro ferro, que dentro de casa buscara. Nisto, Brômio — ao menos, assim parece —, no pátio ergue um fantasma; e ele arremessando-se sobre a forma brilhante a trespassa, julgando que me degolava. Mas não se contentando com tal, Báquio mais ignominiosamente o trata: desmantela, e no solo derruba a casa.

EURÍPIDES

Amargo preço pagou pelos grilhões que me encadearam!
Esgotado enfim, larga a espada — o homem que contra
um deus ousou pelejar — enquanto eu, em silêncio e sem
de Penteu cuidar, do palácio vinha a encontrar-vos.

(*Voltando-se para o portal.*)

Ah, mas creio que ainda, lá dentro, ouço ressoar seus
passos, e que a sair se apresta. Que pretenderá de nós?
Grande que seja sua ira, suportá-lo-ei tranquilo. Ao sábio,
sábia equanimidade cumpre adestrar.

PENTEU — (*Saindo do palácio*) Que atrocidade sofri! O forasteiro em fuga, ele, que há pouco eu tão bem enredara em ferros!

(*Deparando com Dioniso*)

Olá! Pois não o vejo aqui? Que é isso? Fugido, ainda defronte a meu palácio te mostras?

DIONISO — Sossega! Detém teus passos e depõe a ira!

PENTEU — Como pudeste escapar de teus laços, e cá fora chegaste?

DIONISO — Não te disse, não ouviste que alguém, alguém havia de livrar-me?

PENTEU — Quem? Sempre me vens com tuas palavras ocas!

DIONISO — Aquele que a uva amadurece para os mortais.

PENTEU — [***]

DIONISO — Como vitupérios, a Dioniso glorificas.

PENTEU — Ordeno que todas as portas fechem em redor!

DIONISO — Para quê? Se os deuses os próprios muros trespassam...

PENTEU — Sábio que és! Mas não quando devias sê-lo.

41

TERCEIRO EPISÓDIO

DIONISO — Justamente aí é que mais sábio sou. Mas escuta primeiro esse homem, núncio que para ti da montanha acorre. Aqui te esperamos; não fugiremos.

MENSAGEIRO — Penteu, senhor desta terra Tebana, venho do Citeron, onde o alvor da neve brilha perene.

PENTEU — Tão importante nova me trazes?

MENSAGEIRO — Lá vi as Bacantes, venerandas mulheres, que desta terra se foram, pés descalços, como por aguilhão tocadas. Venho anunciar-te a ti, ó rei, e à cidade inteira, o tremendo gesto seu e as grandes maravilhas que fazem. Dize-me, porém, se livremente poderei falar ou a língua hei de conter, pois temo, senhor, teus levantes de cólera e os excessos prontos de teu humor real.

PENTEU — Fala! E não te arreceies de mim. Sobre quem justamente se porta, não deve recair a cólera. Quanto mais tremendas coisas das Bacantes disseres, tanto mais dura pena desabará sobre quem lhes insuflou as artes.

MENSAGEIRO — Acabava eu de tanger a manada ao alto de um monte, à hora em que o sol despede seus raios e a terra encalma. De súbito, com três tíasos, três coros de mulheres, deparo. Autônoe governava um; o segundo, tua mãe Ágave; Ino regia o terceiro. Todas dormiam, gesto ao abandono, reclinadas umas aos hirsutos ramos dos pinhos, outras sobre folhas de roble repousavam as frontes, castamente reclinadas todas, ébrias não, como dizias, nem no encalço da Cípria andavam, pelos recônditos da floresta.

Mas quando de meus bois cornudos surpreendeu o mugido, eis que tua mãe, ululante, no meio das Bacantes se apruma, do corpo a lhes remover o sono. E elas, expulsando das pálpebras o sopor profundo, levantam-se todas

EURÍPIDES

– maravilha de ver a ordenação calma e serena! — todas de pé, novas e velhas, e virgens sem julgo. Primeiro, pelos ombros soltam as ondas de seus cabelos; depois, há as que deslaçadas havendo as nébridas, o velo pintado reajustam ao corpo, cingindo-o de serpentes que lhe lambem o rosto; e há as que, abandonados os filhos, crias de corço ou de lobo levantam nos braços e os peitos lhes oferecem, túmidos de leite níveo de sua maternidade recente. Todas se ataviam de folhas de hera ou de roble, ou flores de smílax. Esta, com o tirso fere um penedo que, no instante, fresco caudal de água límpida ejeta; aquela, com o nártex revolve a terra: do mesmo lugar o deus irrompe com uma fonte de vinho! E quantas, sequiosas da cândida beberagem, se o solo escarvam com a ponta dos dedos, dele brota leite em cachões. E do alto dos tirsos ornados de hera, gota a gota escorria o doce mel. Ah, se presente estivesses e visses, tuas preces erguerias ao deus que afrontas!

Boieiros e pastores, todos nós reunidos, trocávamos conselhos, uns para os outros dizendo as estranhas ações, e admiráveis, que víramos. Um de nós, então, experiente da cidade e pronto de língua, a todos falou. "Ó vós que habitais estas venerandas plagas dos montes, dizei-me se caça quereis dar a Ágave, mãe de Penteu. Graças nos renderá o senhor, se da orgia báquica a levarmos". Quem bem falara, nos pareceu. Pusemo-nos de emboscada, no meio de frondes verdorosas. Era a hora ritual. Já se moviam os tirsos para a corrida báquica, e todas, de concertada voz o clamor soltavam a Íaco, a Brômio, filho de Zeus. E a montanha inteira, com suas feras, dançou com Baco. Quedo, nada ficou.

Ágave perto de mim passou correndo, e eu, querendo agarrá-la, de um salto deixo o esconso em que me emboscara. Mas, grita ela para as outras: "Olhai, minhas cadelas velozes, que estes homens caça nos dão! Segui-me! Segui-me, e de tirso nas mãos!"

Logramos nós ao menos, fugindo, evitar que destroçados fôssemos pelas Bacantes. Mas elas, de mãos sem ferros, assaltam os bois que no prado pasciam. Uma, nós vimos ao alto dos braços abertos erguer uma vaca, prenhe e mugidora; outras, desmembrando bezerras, só de repuxá-las... Haveríeis visto, por toda a parte arrojados, costelas e cascos forcados, pendentes dos ramos de pinho, sangrando. Touros enfurecidos, de cornos em riste, prestes por terra tombavam e – mais céleres que tuas pálpebras reais encobrem as pupilas —, mil mãos de mulheres lhes dilaceravam as carnes. Depois, semelhantes às aves que para o alto soerguem o voo, ao plaino se precipitam que, ao longo do Asopo para os Tebanos amadurece o trigo fecundo. Nas faldas do Citeron assaltam Hisis e Eritra, de ânimo hostil. Tudo devastam; crianças rapinam. Nada ao solo negro cai, que aos ombros levem sem liames que os atem, nem bronze, nem ferro! Nem fogo que os cabelos lhes acenda, os arde! Com o desespero do saque, sobre as Bacantes corre em armas o povo dos lugares. Então, ó rei, então é que vimos o prodígio sem par: nem sangravam suas carnes, aos golpes dos dardos; elas, porém, só de arremessarem os tirsos, cobriam os inimigos de feridas sangrentas. Se, mulheres, punham os homens em fuga, é que algum deus estava a seu lado! Voltaram depois aos lugares donde partiram. Lavavam as mãos sanguinolentas; lambiam-lhes as serpes no rosto, do sangue as últimas gotas que escorriam.

Senhor, este deus, não importa qual seja, recebe em tua cidade, grande que é por todo o aspecto; e demais, ao que sei, dizem que aos mortais fez dom da vinha, ador-

EURÍPIDES

mecedora de nossas penas. E sem vinho amor não existe; prazer algum aos homens resta.

CORO — Palavras sem peias temo de falar ao rei; di-las-ei, contudo: superior a Dioniso, não há outro deus.

PENTEU — Como um fogo se espalha, já bem perto de nós chegou o afrontoso ultraje das Bacantes, aos gregos consumada ofensa! Vamos, porém, e sem tardar:
(*Para um servo.*)
corre às portas de Electra e ordena a todos os meus porta-égides, a cavaleiros dos meus ágeis corcéis, aos que sabem brandir os escudos ligeiros e fazem ressoar as cordas dos arcos, que à lide contra as Bacantes se aprestem, pois toda a medida excede sofrer de mulheres o quanto agora sofremos.

DIONISO — Penteu, não te persuadiram quantas palavras de mim escutaste! Mas, ainda que desfeiteado por ti, direi: armas não levantes contra um deus. Sossega. Brômio não consentirá que escorraces as Bacantes das montanhas onde "Evoé!" ecoa.

PENTEU — Basta de conselhos! Fugiste da prisão. Cautela! Ou queres que outra vez te prenda?

DIONISO — Em vez de contra seu aguilhão repontar – mortal, contra um deus! eu lhe sacrificaria...

PENTEU — Sacrificarei! Muito sangue de mulher, como é justo, pelas vertentes do Citeron.

DIONISO — Fugireis, vós todos! Vergonha! As Bacantes, com o tirso, destroçarão os escudos de bronze.

PENTEU — Empeçamo-nos neste estrangeiro impossível! Nem infligindo seus golpes nem meus golpes sofrendo, em se calar consente.

TERCEIRO EPISÓDIO

DIONISO — Amigo! Se queres, tudo se remediará ainda...

PENTEU — Como? Servo me tornando de minhas servas?

DIONISO — Sem armas, essas mulheres posso trazer a ti.

PENTEU — Ai de mim! Astuciosa cilada maquinas...

DIONISO — Que cilada? Se com minhas artes quero salvar-te?

PENTEU — Concertado conluio, para que vossas bacanais não tenham fim!

DIONISO — Ah!... Não quererias tu vê-las juntas, na montanha acampadas?

PENTEU — Que dúvida? Por tal pagaria ouro sem conta!

DIONISO — E que te fez cair em tão ardoroso desejo?

PENTEU — Verdade que amargurado ficaria de ébrias as ver...

DIONISO — Porém, com prazer verias a causa da amargura?

PENTEU — Sim. Silencioso e escondido entre os abetos.

DIONISO — Mesmo escondido, elas te acharão.

PENTEU — Às claras, pois; com razão falaste.

DIONISO — O caminho te mostraremos. Estás pronto a seguir-me?

PENTEU — Conduze-me depressa. De tardar me enfadas.

DIONISO — Pois bem; cinge teu corpo com um peplo de linho.

PENTEU — O quê? De varão que sou, em mulher me vou tornar?

DIONISO — Para que te não matem, se descobrem que és homem.

PENTEU — Dizes bem! Que és arguto, já o mostraste há pouco.

DIONISO — Se tenho argúcia, Dioniso ma deu.

PENTEU — Como, então, realizar teu bom conselho?

DIONISO — Eu te vestirei, lá dentro do palácio.

PENTEU — Em traje de mulher? Que vergonha a minha...

DIONISO — De espiar as Mênades, já desejo não tens?

PENTEU — Com que vestes dizes que me vais ataviar?

DIONISO — Primeiro, em tua cabeça, uma longa cabeleira...

PENTEU — E qual, da mascarada, a segunda peça que vestirei?

DIONISO — Alongado peplo até os pés. Mitra na fronte...

PENTEU — Que outro atavio ajuntarás a esses?

DIONISO — Pele de corço, pintada; na mão, o tirso.

PENTEU — Ah, vestimenta de mulher não quero vestir!

DIONISO — Mas o sangue correrá, se luta travas com as Bacantes...

PENTEU — Está certo. Um reconhecimento em primeiro lugar importa.

DIONISO — Melhor assim, do que males procurar com males.

PENTEU — E como atravessar a cidade, sem pelos tebanos ser visto?

DIONISO — Eu te guiarei. Iremos por solitários caminhos.

TERCEIRO EPISÓDIO

PENTEU — À irrisão das Bacantes, tudo prefiro. Entremos no palácio, a deliberar o que convém.

DIONISO — Assim seja. Por minha parte, estou pronto.

PENTEU — Entra, pois. Ou obedeço a teus conselhos ou com armas na mão partirei.
(*Penteu entra no palácio.*)

DIONISO — (*Para as Mênades, na orquestra*) Mulheres! O homem caiu nas redes! Irá às Bacantes e com a morte expiará a culpa. Dioniso, é a tua vez! Longe não estás; punamo-lo. Primeiro, que uma branda mania se lhe aposse do espírito; que, se o senso guarda, veste de mulher não quererá vestir; e vesti-la-á, se o perde. Será o ludíbrio de Tebas, seguindo-me pela cidade em figura de mulher, ele, terrível que era por suas ameaças de outrora. Mas a vestimenta lhe vestirei, que para o Hades há de levar, por sua própria mãe imolado. Aprenderá assim que o filho de Zeus, Dioniso, sendo para os homens o mais benigno dos deuses, também é o mais terrível.

ESTÁSIMO

[Estrofe]

2 CORO — Nus, enfim, correrão meus pés, noite báquica em fora, para trás, ao ar rociado, rejeitando a cerviz — tal uma corça folgando no prado, entre os verdes regalos, a salvo da caça terrível e da rede aleivosa? Aos silvos, o caçador seus cães atiça; mas, rio abaixo, rápida como torvelinho, a gazela salta, buscando a pradaria apartada dos homens, a solidão, na sombra espessa dos bosques.

Que é a sabedoria? Ou que dom dos deuses para os mortais mais belo existe, que a cabeça do inimigo manter sob as mãos triunfantes? Quanto seja belo, grato me será para sempre!

[Antístrofe]

Tardo, mas infalível, se move o poder divino a punir o mortal iníquo, cuja mente perversa magnificar não quer o preito aos numes devido. No encalço do ímpio, ardilosos, os deuses o deslizar do tempo ocultam. Nem pensamento nem obras o estabelecido ultrapassarão jamais. Pois crer não custa que força possui esse qualquer que o divino seja, assim como o que por longo tempo se teve por lei ditado e por natureza assente.

Que é a sabedoria? Ou que dom dos deuses para os mortais mais belo existe, que a cabeça do inimigo manter sob as mãos triunfantes? Quanto seja belo, grato me será para sempre!

[Epodo]

Afortunado aquele que salvo das ondas do mar o

porto alcança! Afortunado aquele que seus afãs supera! Em beatitude e potência, multimodamente, muitos a muitos de vencida levam. Sem conta as gentes; sem conta as esperanças suas. Êxito para uns, para outros desgraça! Mas beato, só quem ganha o prazer da cotidiana sorte.

QUARTO EPISÓDIO

DIONISO — (*Saindo do palácio, falando para Penteu invisível ainda.*) Tu, tão pronto em ver o que ver é defeso, tu que persegues o que devias fugir, tu, Penteu, sai do palácio, vem mostrar-te a nossos olhos em figura de mulher — Bacante ou Mênade — espia de tua mãe e de suas companheiras!
(*Olhando o rei, que vem saindo do palácio*)
De uma das filhas de Cadmo tens o aspecto.

PENTEU — Olha! Parece que em dobro vejo o sol, que em dobro vejo Tebas, a cidade das Sete Portas! E tu, que me conduzes, não se diria que mudaste em touro? Cornos te nasceram na fronte! Acaso fera não terias sido sempre? Que um touro tu és agora.

DIONISO — Agora nos assiste o deus, adverso antes; agora estás olhando o que devias olhar.

PENTEU — Mas, dize-me, a quem de semblante me pareço? Os ares tenho de Ino, ou a figura de minha mãe Ágave?

DIONISO — Em te vendo, a elas creio ver. Mas em que desalinho me chegas! Uma madeixa solta, que eu tão bem arranjara sob a mitra!

PENTEU — Soltou-se quando, lá dentro, há pouco, em delírio agitava a cabeça.

DIONISO — A nós que te servimos, recompô-la nos cabe. Ergue a fronte!

QUARTO EPISÓDIO

PENTEU — Pronto! Enfeita-me tu. Em tuas mãos estou.

DIONISO — A cinta afrouxou. Com o peplo por demais alongado, não lhe caem as pregas a jeito.

PENTEU — Assim me parece, também — do lado direito, ao menos, porque deste lado até o pé vem descendo.

DIONISO — Ter-me-ás como o primeiro de teus amigos, quando, ao invés do que pensas, vires como as Bacantes são castas.

PENTEU — E o tirso, como levá-lo para que me reconheçam por bacante? Na mão direita ou na esquerda?

DIONISO — Ergue-o na mão direita. E do mesmo lado, ao mesmo tempo, levanta o pé. Ah, podes-te gabar de teu revoluído senso!

PENTEU — Que achas? Não poderia até sobre os ombros carregar o Citeron inteiro e, com ele, as Bacantes?

DIONISO — Decerto, se o quisesses! Há pouco tua mente sofria; agora tens aquela que devias ter.

PENTEU — Tomo uma alavanca. Empenharei minhas mãos, o monte erguendo com o ombro ou os braços?

DIONISO — Não destruas um santuário das Ninfas, ou morada de Pan, onde sua avena ressoa.

PENTEU — Bem que falas! Não usarei a força para vencer mulheres. Oculto permanecerei entre os abetos.

DIONISO — Sim, escondido ficarás no esconderijo que acharás para, às escondidas das Mênades, espiá-las.

EURÍPIDES

PENTEU — Já se me afigura vê-las, como aves entre moitas, do amor cativas...

DIONISO — Por isso, não vais a espiá-las? Hás de apresá-las — quem sabe? — se antes apresado não fores.

PENTEU — Vamos! Conduze-me através de Tebas, único varão que ousou tamanha empresa!

DIONISO — Só tu! Que só tu por esta cidade te esforças. Assim te esperam combates dignos de ti. Segue-me, pois. Como guia e salvador me tens. Outro te reconduzirá de volta...

PENTEU — Sim, minha mãe.

DIONISO — Alvo serás de todos os olhares...

PENTEU — Por isso, vou.

DIONISO — Retornarás carregado...

PENTEU — Delicioso trato!

DIONISO — Nos braços de tua mãe...

PENTEU — De pompas me enches!

DIONISO — Pompas tais...

PENTEU — (*Afastando-se.*)
Bem as mereci!

DIONISO — Terrível, ó terrível que és, e a penas terríveis que vais! Glória acharás, escalando o céu. Estende teus braços, Ágave! Os braços estendei, ó filhas de Cadmo, estendei os braços a este jovem que vos levo a combater o grande combate... Mas o triunfador serei eu. Eu e Brômio. Quanto ao mais, os acontecimentos que o digam.

ESTÁSIMO

[Estrofe]

CORO — Ide rápidas, ó Cadelas da Grande Raiva! Ide para 977 a montanha, para o tíaso em que dançam as filhas de Cadmo. Aguilhoai-as contra o furioso que, vestido de mulher, parte a espiar as Mênades. Sua mãe, primeira será a vê-lo, do alto de uma penha calva, como um leão à espreita; e o apelo lançara às Mênades: "Quem é esse, ó Bacantes? Quem veio aqui aos montes, aos montes, no rastro das mulheres de Tebas, nas montanhas dançando?" Que em sangue de mulher, de certeza origem não teve! Alguma leoa o gerou, ou é das Górgonas líbicas progênie.

Que justiça aparente se faça. Que armada de gládio venha e de morte trespasse a garganta do ímpio, do celerado filho de Equíon, que a terra gerou! 99

[Antístrofe]

Aquele que de insano desígnio e ira sem lei, ó Baco, 99 contra os teus e os maternos ritos atenta, com raiva no peito e desespero na alma, querendo vencer o que vencer não pode, inexorável a Morte o assalta, que aos ímpios intentos o freio impõe. Nos mortais, um sóbrio pensar, inculposa mente com o divino, é vida de dores isenta. Não invejo a humana ciência; a sabedoria me apraz seguir, de quantas coisas evidentes e grandes existem. Ó que minha vida corra através da beleza vivida, noite e dia piedosa e santa, adorando os deuses e rejeitando as obras que justiça impugna!

Que justiça aparente se faça. Que armada de gládio venha e de morte trespasse a garganta do ímpio, do celerado filho de Equíon, que a terra gerou!

[Epodo]

Aparece em forma de um touro, de policéfalo dragão, ou de flamejante leonina prole! Vai, ó Baco de face ridente, vai, e em tuas redes apresa o caçador das Bacantes, que já entre seus bandos funestos, jaz caído por terra.

QUINTO EPISÓDIO

MENSAGEIRO — Ó casa que por toda a Hélade outrora foste ditosa, morada do velho sidônio, que em nosso solo plantou os dentes do dragão, da fera terrígena! Por ti choro, embora servo; pois, na desgraça, servos bons aos senhores se ajuntam.

CORO — Que há? Que nova proeza das Bacantes nos vens anunciar?

MENSAGEIRO — Morto é Penteu, o filho de Équion.

CORO — Brômio Soberano, deus grande és tu!

MENSAGEIRO — Como? Que dizes, mulher? Regozijo ostentas diante das penas de nossos senhores?

CORO — Sou estrangeira. Meus sentimentos expresso em cantos bárbaros; o temos das cadeias não mais me faz tremer.

MENSAGEIRO — Tão cobardes os tebanos crês [***]

CORO — Sobre mim só Dioniso, só o filho de Zeus tem poder; Tebas não!

MENSAGEIRO — De vós não discordo. Mas torpeza indigna, ó mulheres, não será exultar com a desgraça alheia?

CORO — Vamos! Conta, dize que morte encontrou o iníquo que iníquas obras cumpriu.

MENSAGEIRO — Ao deixar as moradas desta cidade tebana, e a corrente do Asopo passada, galgamos as vertentes do

Citeron, Penteu, senhor nosso, eu após, suas pisadas seguindo, e o forasteiro que nos guiava.

Alto fizemos num vale herboso, mudos, abafando os passos, íamos a sem ser vistos, vermos. Estreita garganta de goela escarpada, onde corriam arroios à sombra de pinhos, essa era onde acampavam as Mênades, todas entregues a obras gráceis. Cuidavam umas de com hera coroar os tirsos desfolhados. Outras, quais poldras fugidas aos jugos, se entrejogavam os cantos báquicos. Exclama, então, o desditoso Penteu, que não vira o feminino tropel: "Estrangeiro, do lugar em que estamos não enxergo as Mênades, nem seus afrontosos trabalhos! Mas grimpando no abeto altaneiro, sobre esta penha aprumado, decerto hei de ver as vergonhas que fazem".

Do forasteiro, ó prodígio grande a que assisti, então! Pega a alta ramada de um pinheiro alterando-se para o céu, e ao solo negro o verga, o verga... Semelhante a um arco que tendesse, ou ao volúvel traço que o compasso descreve, assim o estrangeiro domou os ramos da árvore, com força que a dos mortais supera. E tendo, entre as frondes colocado Penteu, lentamente, sem que das mãos o largue, deixa que o tronco se alce, cuidando de que a montada o cavaleiro não desmonte, antes de a meta alcançar. Reto para o céu, o pinho endireitou as ramadas, levando meu senhor em seu dorso, e antes que descobrisse as Mênades, delas a descoberto ficou. Mal o vimos, lá no cimo escanchado, e a nossos olhos o estrangeiro sumido, do alto ressoa uma voz — que era a de Dioniso, sem dúvida: "Mulheres! O homem vos trago, que de vós escarnece, de mim e dos meus ritos! A ele! Puni-o!" Ainda falava, e um fogo divino rompia, ligando o céu à terra.

Silêncio no ar. Silêncio na folhagem do vale frondoso. Nem um só grito de fera se ouvia. Elas, que indistinta es-

QUINTO EPISÓDIO

cutaram a voz, se erguiam, para todos os lados espiando. De novo o deus clamou. Claramente escutando que de Báquio era a voz, logo arremetem as filhas de Cadmo: velozes, não menos que pombas voando, em acordado alvoroço acorrem — Ágave, mãe de Penteu, suas irmãs com ela, todas as Bacantes, torrentes e escarpas do vale transpõem de salto, no furor indômito que o deus lhes inspira. E eis que de súbito avistam meu rei, lá no alto abeto postado! Logo um penedo escalam, à árvore fronteiro, uma chuva de pedras despedem, assaltam-no com ramos de pinho, arremessam outras pelos ares os tirsos, a Penteu, miserando alvo, sem que lhe acertem, tolhido de medo, mas alto demais para que a fúria o atinja. Entram, por fim, de quebrar com fragor lenhos de roble, e com tais alavancas sem ferro intentam descalçar as raízes da árvore, escarvando a terra. E como da obra não chegam a cabo, Ágave exclama: "Acercai-vos em volta, ó Mênades, empunhai esse tronco, capturemos a aérea fera, para que os coros secretos de nosso deus revelar não possa!" Miríades de mãos se apoderam do pino, e do solo o arrancam! Do vértice, por terra cai vertiginosamente, soltando lamentos, Penteu, que bem próximo o fim sentia chegado.

Primeira sacrificadora, a mãe, a defronte dele se achega. Arremessando fora a mitra, para que a inditosa Ágave enfim o reconheça, Penteu o rosto da mãe acarinha, e lhe fala: "Mãe, sou eu. Sou teu filho, Penteu, o que deste à luz no palácio de Equíon. Mãe, de mim te apieda; teu filho, por erros seus, não queiras imolar". Mas não o escuta ela, Ágave, de lábios escumantes e de olhos revoltos, desprovida de senso, de Baco possessa. De ambas as mãos lhe segura o braço esquerdo, e com seu corpo em arco tendido, pés fincados no flanco do mísero, lho arranca da espádua, não com a própria força apenas, mas com aquela que em suas mãos um deus depôs. Do outro lado, com igual esforço se aplicava Ino, dilacerando-lhe as carnes, e vinha depois Autônoe com as demais Bacantes todas. Era um rumor confuso, gemendo ele, com o último alento, gritando elas o clamor da fúria. Levava esta um braço, aquela um pé, calçado ainda. Desnudados, já lhe apareciam os ossos, nos flancos abertos. Todas, de mãos sanguinolentas, como bolas se entrejogavam as carnes de Penteu, em farrapos.

O corpo lhe jaz disperso entre os ásperos penedos e as touças do bosque, onde seria difícil achá-lo. A cabeça do infeliz, tomou-a a mãe em suas mãos e a espetou na ponta do tirso. Crê ela que cerviz de leão pelo Citeron carrega! Repleta de orgulho pelo despojo funesto, deixou suas irmãs dançando com as Mênades e agora vem vindo direito a nossos muros, invocando Báquio que com ela à caça andou — o triunfador a quem faz oferta de um troféu banhado em lágrimas...

Eu me retiro; de tamanho infortúnio me aparto. Ágave não quero ver, quando junto chegar a este palácio. Ah, é bem certo: nada melhor do que guardar a medida e com reverência aos deuses servir. Que tal é, para os mortais, o porte mais sábio, e o mais prudente, sem dúvida.

ESTÁSIMO

CORO — Que nossos passos celebrem Báquio; e nossos brados, o infortúnio de Penteu, cria do dragão. Com vestes de mulher e um nártex volvido em tirso (signo de morte certa!), lá vai, seguindo o touro, a caminho da perdição. Bacantes cadmeias, entoastes gloriosamente um canto triunfal que se esvai em lamentos, que em lágrimas se esvai. Vede a nobre lide: cingir o corpo de um filho, cujo sangue lhe escorre nos braços...

Silêncio, que acorrendo a estes muros vejo chegar a mãe de Penteu, Ágave, de tresloucado olhar. Acolhei o séquito da Évia divindade.

ÊXODO

ÁGAVE — Bacantes da Ásia...

CORO — Ó... porque me provocas?

ÁGAVE — Das montanhas, a este palácio trazemos ramagem de recém-colhida hera, ditosa caça!

CORO — Bem vejo. Entra em nosso coro.

ÁGAVE — Sem rede apresei esta criaturinha de leão agreste. Olhai...

CORO — De onde vem ele, dize...

ÁGAVE — O Citeron...

CORO — ...Sim, o Citeron?

ÁGAVE — Lhe deu a morte.

CORO — Quem o feriu?

ÁGAVE — Eu, primeiro. Privilégio meu! "Bem-aventurada Ágave" me hão de proclamar nos tíasos.

CORO — E quem mais?

ÁGAVE — De Cadmo...

CORO — ...de Cadmo?

ÁGAVE — As duas filhas, mas depois de mim, depois de mim, atingiram a fera. Ó venturosa caça!

CORO — [***]

ÊXODO

ÁGAVE — Participa do meu festim.

CORO — Como? Participar... ó infeliz!

ÁGAVE — É um tenro vitelinho; mal lhe aponta uma pelugem na face, sob a juba delicada.

CORO — Sim, à de uma fera agreste se lhe assemelha a crina.

ÁGAVE — Na sua trilha, Baco, o hábil caçador, habilmente lançou as Mênades.

CORO — Caçador é Dioniso, senhor nosso!

ÁGAVE — Louvores para mim?

CORO — Ó sim, louvores te rendo!

ÁGAVE — Agora mesmo os Tebanos...

CORO — ...e teu filho Penteu...

ÁGAVE — ...louvará sua mãe, que esta fera leonina apresou.

CORO — Prodigiosa presa!

ÁGAVE — Prodigiosamente apresada.

CORO — Jubilas?

ÁGAVE — Rejubilo, sim, por meus tão grandes feitos, e manifestos por esta corrida às feras.

CORO — Infeliz! Vai, mostra aos cidadãos o triunfal despojo que em tuas mãos lhes trazes.

ÁGAVE — Habitantes do bem muralhado burgo de Tebas, vinde e olhai este troféu, a fera derrubada pelas filhas de Cadmo, não com os apresilhados chuços da Tessália, nem sob as malhas de uma rede, mas só com as brancas lâminas de suas mãos. De que se gabam os caçadores que nos armeiros se munem de vãos engenhos, quando nós, só por nossas mãos a besta apresamos, só com elas o monstro dilaceramos? Onde está meu velho pai? Que venha já. E meu filho Penteu? Que apronte uma escada, ao muro do palácio a encoste e suba os degraus, a pregar nos tríglifos esta cabeça de leão que da caça eu trouxe como troféu.

CADMO — (*Entrando em cena, com os servos que transportam os despojos de Penteu.*) Segui-me, ó portadores desse mísero fardo. Vinde, meus servos, para que frente ao palácio, deponha o corpo de Penteu, que tanto e tão dificilmente procurei, até achá-lo nos recônditos do Citeron, em pedaços dispersos por todo o emaranhado dos bosques. Depois de haver deixado as Bacantes e, com o velho Tirésias, já dentro da cidade, ouvi falar do tremendo gesto de minhas filhas, voltei à montanha, donde regresso com o cadáver de meu filho, trucidado pelas Mênades. Lá vi Autônoe, mulher de Aristeu e mãe de Actéon, com sua irmã Ino, vagueando pelos bosques, tocadas pelo funesto aguilhão da demência. Mas a outra, Ágave, disseram-me que para estes lugares vinha, a seus passos de Bacante — e verdade é o que ouvi, pois a vejo agora, sinistra imagem!

ÁGAVE — Pai, podes exultar em teu supremo orgulho: geraste as filhas mais intrépidas que algum mortal jamais gerou! Digo-o de todas, e de mim, para além das outras, que abandonei fuso e tear, para subir mais alto, e com minhas inermes dar caça às bestas ferozes. E vês que em braços trago a prova de meu valor — que pregada seja aos muros de teu palácio. Tu, meu pai, recebe-a em tuas mãos. Orgulha-te com estes despojos, a teus amigos oferece um regalo, pois feliz, feliz és tu, porque tais façanhas pudemos cometer.

CADMO — Ó dor sem medida e horrenda de ver! Assassínio, foi a proeza de vossas tristes mãos. Belo, em verdade, o sacrifício que ofereceis aos deuses, a mim e a Tebas convocando ao banquete! Lamento tua desgraça, primeiro; e depois, a minha. O deus nos trouxe a perdição, talvez com justiça, mas excessiva, decerto — Brômio soberano, nato de nossa estirpe.

ÁGAVE — Ah, é irascível a velhice, e de carregado sobrecenho! Quisera eu que hábil caçador fosse meu filho, e que imitando o exemplo da mãe, entre os nossos jovens seguisse a pista das feras. Mas, que sabe ele, senão lutar contra os deuses? Pai, a ti compete admoestá-lo. Chamemno aqui, diante de meus olhos, para que veja como sou feliz.

CADMO — Desgraça! Desgraça! Terrível dor ides sofrer, quando souberdes o que fizestes! Ainda se até o fim permanecêsseis no estado em que vos encontrais, acreditar-se-ia, ao menos, que, não sendo felizes, a infelicidade desconheceríeis.

ÁGAVE — Mas onde vês aqui a desgraça ou a dor?

CADMO — Levanta, primeiro, teus olhos ao céu.

ÁGAVE — Ei-los, ao céu erguidos! Mas por que me dizes que o olhe assim?

CADMO — Será ainda o mesmo, ou já mudou, para ti?

ÁGAVE — Parece-me mais brilhante do que nunca, e mais diáfano.

CADMO — Ainda a mesma perturbação te ensombra a alma?

ÁGAVE — Não entendo o que queres dizer, mas de algum modo minha mente se esclarece e meus sensos mudaram.

CADMO — Vais ouvir-me e responder com clareza?

ÁGAVE — Sim, meu pai, pois esqueci o que antes falava.

CADMO — Dize-me, qual foi a casa a que as núpcias te levaram?

ÁGAVE — A Equíon me deste, ao que dizem ter nascido dos dentes do dragão.

CADMO — Que filho gerou ele, teu esposo, em seu palácio?

ÁGAVE — Penteu, foi o filho que em comum tivemos.

CADMO — Pois bem, que cabeça seguras nos braços?

ÁGAVE — A de um leão — diziam minhas companheiras de caça.

CADMO — Observa bem; diminuto esforço te custará olhar.

ÁGAVE — Ah, mas que vejo? Que presa é esta que em meus braços trago?

CADMO — Vamos, examina-a, e reconhece-a mais claramente.

ÁGAVE — Vejo, infeliz de mim, uma dor imensa!

CADMO — E a ti, parece-te que a um leão se assemelha?

ÁGAVE — Não, desgraçada que sou... é a cabeça de Penteu!

CADMO — E chorada, antes que a reconhecesses!

ÁGAVE — Quem o matou? Como veio parar em minhas mãos?

CADMO — Triste verdade, que não apareceste no momento azado!

ÁGAVE — Fala! Meu coração estremece de apreensão sobre o que virá ainda.

CADMO — Tu o mataste, tu mesma, com tuas irmãs.

ÊXODO

ÁGAVE — Onde morreu? Em meu palácio? Ou em que lugares?

CADMO — Onde, outrora, Actéon foi dilacerado por seus cães.

ÁGAVE — E para o Citeron, a que foi este infeliz?

CADMO — Lá foi para insultar o deus e as suas orgias.

ÁGAVE — E que nos fez ir em busca de semelhantes paragens?

CADMO — Possessas do delírio de Baco, e convosco toda a cidade.

ÁGAVE — Dioniso nos perdeu; agora o vejo!

CADMO — Sim, porque o ultrajaste, negando que ele fosse um deus.

ÁGAVE — Pai, onde está o corpo de meu filho amado?

CADMO — Eu o trouxe. Com dificuldade o achei.

ÁGAVE — Todos os seus membros, estão eles apropriadamente juntos? [***]

ÁGAVE — Mas que parte coube a Penteu, em minha demência?

CADMO — A vós se igualou, em não venerar o seus. De uma vez só, a todos nos envolveu em comum desgraça, para arruinar minha casa, sim, a vós, a ele mesmo, e a mim, que, privado de descendência masculina, vejo este filho de teu ventre — infeliz que és —, atingido de morte tão vil e horrenda.

(*Para o cadáver de Penteu.*)

Tu, para quem esta casa erguia seus olhares, tu que protegias e preservavas meu palácio, ó filho de minha filha, tu, diante de quem a cidade tremia, não ousando afrontar este velho, quando punha os olhos em teu viso, com receio de justo castigo! Agora, desonrado, hei de ser banido, eu, o grande Cadmo, que semeou e ceifou a mais bela messe, a raça dos tebanos! Ó tu, o mais caro dos homens — pois ainda que já não existas, contado serás entre os mais queridos dos meus —, não mais tua mão tocará esta barba, não mais me abraçarás, chamando-me pai de tua mãe, e dizendo: "Velho, quem te ofende e te insulta? Quem te revolve o coração dolorido? Dize, meu pai, que eu punirei quem te ultraja!" E agora aqui estou, mísero eu, como tu; deplorável, tua mãe, e desditosas, tuas irmãs. Se algures existe um ofensor dos deuses, que, vendo esta morte, neles creia!

CORO — Cadmo, dói-me a tua dor; justamente punido foi o filho de tua filha, mas grande é o teu desgosto.

ÁGAVE — Vês, ó pai, quanto meu espírito mudou? [***]

DIONISO — [***] Mudando de forma, dragão serás, e Harmonia, filha de Ares, que esposaste, embora mortal, transmutada em fera, será serpente. Diz um vaticínio de Zeus que conduzirás, com tua mulher, um carro jungido a bois e, à frente de bárbaros, com inumerável exército, pilharás cidades sem conta. Mas quando vierem a assolar o templo oracular de Lóxias, em ignominiosa retirada, fugirão. Ares te salvará, a ti e a Harmonia, e para a terra dos Bem-aventurados te mudará em vida. Isto to digo eu, Dioniso, que sou filho de Zeus, e não de um pai mortal. Se a sabedoria houvésseis conhecido — mas não o quisestes —, sempre teríeis gozado de ventura, com Baco por aliado.

ÁGAVE — Dioniso, piedade, que te ofendemos!

DIONISO — Tarde me encontraste! Não me conheceste, quando importava.

ÁGAVE — Isso compreendemos; mas chegaste ao último extremo.

DIONISO — Deus nascido, foi de vós que sofri ultrajes.

ÁGAVE — Não convém aos deuses terem paixões de mortais.

DIONISO — Zeus, meu pai, de há muito previra vossos destinos.

ÁGAVE — (*Para Cadmo.*)
Desgraçadamente, velho, decidido está o triste exílio.

DIONISO — Para que tardar, diante do que a fatalidade obriga?

CADMO — Minha filha, entramos no infortúnio terrível, todos nós; tu, infeliz, tuas irmãs, e eu, pobre de mim. Irei, velho, como um emigrante, para entre os bárbaros, eu, a quem um decreto dos deuses assinalou para levantar contra a Hélade uma confusa multidão de estrangeiros, com minha esposa, Harmonia, filha de Ares, mudada, assim como eu, em serpente feroz. Contra as sepulturas e os altares helenos, terei de conduzir suas lanças, e não cessará meu lamentável infortúnio, já que nem repouso terei, atravessando as águas do Aqueronte.

ÁGAVE — Pai, e eu que sem ti partirei exilada...

CADMO — Para que me cingir de teus braços, pobre filha, como o cisne protege uma ave decrépita?

ÁGAVE — Expulsa da minha pátria, para que lugares me voltarei?

CADMO — Não sei, filha. Pouca ajuda te prestará teu pai.

ÁGAVE — Adeus, palácio; adeus, terra pátria. Deixo-vos por desgraça, do meu tálamo exilada.

CADMO — Vai, minha filha [***]

ÁGAVE — Eu te lamento, meu pai!

CADMO — E eu a ti, minha filha; lágrimas derramo por tuas irmãs.

ÁGAVE — Terrivelmente, Dioniso soberano em tua morada abriu tamanha chaga.

CADMO — De vós sofreu uma injúria atroz. Sem honra seu nome ficou em Tebas!

ÁGAVE — Adeus, meu pai.

CADMO — Adeus, filha infeliz! Ai, dificilmente acharás um caminho de salvação.

ÁGAVE — Vinde vós, meus guias, levai-me ao encontro de minhas irmãs desditosas, companheiras de meu exílio! Tão longe eu vá, que o amaldiçoado Citeron não possa ver-me, nem eu a ele — aonde nada me lembre o tirso! Que outras bacantes cuidem dele.

CORIFEU — De muitas formas se reveste o divino; muitas vezes agem os deuses ao invés do que esperamos. O que esperávamos não foi cumprido; e para o inesperado a divindade descobre o caminho. Assim termina o drama.

COMENTÁRIO

COMENTÁRIO*

Os dois últimos anos de sua vida, após a representação do *Orestes* em Atenas (408), passou-os Eurípides na Macedônia. Pouco importa decidir a questão de saber se o poeta, quase octogenário, aceitou o convite de Arquelau no intuito de esquecer as dores de uma pátria atormentada por vinte anos de guerra sem esperança de desenlace, ou de mitigar o despeito de se ver preterido nos concursos dramáticos por trágicos de diminuto engenho, e escarnecido por cômicos que impiedosamente alvejavam todas as inovações da sua arte; ou ainda, por hipótese menos provável, se não empreendeu a viagem, como delegado de Atenas, ao país cujas florestas podiam fornecer toda a madeira de que carecia a reconstrução de sua frota. Importante é o assegurado testemunho de que no espólio do dramaturgo se encontrassem os manuscritos de duas peças que maior lustre dariam a seu nome: com a trilogia em que se agrupam *As bacantes*, a *Ifigênia em Áulis* e o *Alcméon em Corinto* (tragédia perdida), granjeou-lhe um filho homônimo o lugar de honra, talvez no primeiro concurso que Atenas celebrou depois de 406, ano em que o poeta falecera na Macedônia.

Não discutiremos, neste ponto, os problemas que se adensam em redor do fato averiguado de Eurípides ter redigido *As bacantes* para além das vertentes setentrionais

---

*Dodds e Winnington-Ingram, que freqüentemente intervêm neste comentário, referem-se respectivamente, a E.R. Dodds. *Eurípides Bacchai*, Oxford, 1944 (2ª ed., 1960) e R. P. Winnington-Ingram, *Euripides and Dionysos an Interpretation of the Bacchae*. Cambridge, 1948 (2ª ed. 1970).

COMENTÁRIO

do Olimpo, na vizinhança da Trácia, onde, apesar de claros indícios e sérios argumentos em contrário[1] se persiste em estabelecer a mais remota precedência do culto de Dioniso e, por conseguinte, os das influências que formas "primitivas" do mesmo culto podiam ter exercido na peculiar feição que assumiram certas passagens do drama. Esses problemas, como os demais, tão complexos como numerosos, podiam e deviam aguardar o término de um primeiro "reconhecimento" através do próprio texto da tragédia. Ainda cremos que uma primeira leitura, desprevenida, seja a melhor introdução ao estudo de toda e qualquer obra-prima da poesia clássica, reserva feita, bem entendido, a ulteriores anotações às palavras insólitas e de comentários cingentes àquelas articulações estruturais que a tradução, só à custa de ilegibilidade, poderia deixar indenes.

Passemos, então, sem mais preâmbulos, ao comentário do texto traduzido.

Os 1392 versos do original repartem-se do modo seguinte:

- Prólogo: 1–63

- Párodo: 64–169

- I Episódio: 170–369

- Estásimo: 370–433

- II Episódio: 434–518

- Estásimo: 519–575

---

[1]Aceitamos, refletida e deliberadamente, os argumentos de Walter F. Otto (*Dionysos. Mythos und Kultus*), contra a opinião corrente, ainda que sancionada pelos nomes de Wilamowitz (*Der Glaube der Hellenen*) e Nilson (*Geschichte der griechischen Religion*).

- III Episódio: 576-861
- Estásimo: 862-911
- IV Episódio: 912-976
- Estásimo: 977-1023
- V Episódio: 1024-1152
- Estásimo: 1153-1164
- Êxodo: 1165-1392

Prólogo e episódios são partes monologadas ou dialogadas, compostas, salvo poucas exceções, em verso jâmbico, cujo ritmo "é o que mais se aproxima do da linguagem corrente" (Aristóteles), e destinadas aos atores em cena: o párodo e os estásimos, em que se entretecem as mais diversas formas do verso lírico (coral), são destinadas ao coro, que, depois de sua entrada na "orquestra" (párodo), aí permanece até o final da representação, entremeando os episódios com os cantos e os gestos ritmados da dança (estásimos). "Êxodo" designa originalmente o último cântico do coro, saindo da orquestra em solene procissão, no fim do espetáculo; nas *Bacantes*, porém (e na maioria das tragédias conhecidas), o êxodo constitui-se em mais um episódio, que, neste drama, as infelizes vicissitudes da tradição manuscrita nos transmitiram mutilado.

vs. 1-63 Se há testemunhos atribuindo a Téspis a invenção do prólogo, o certo é que os mais antigos textos da poesia trágica que possuímos não depõem em abono da sua veracidade, a menos que, então (Téspis teria representado em 534 a primeira tragédia de que há notícia), essa parte do drama fosse da exclusiva competência do coro.

COMENTÁRIO

Duas tragédias de Ésquilo (*Persas* e *Suplicantes*) ainda começam por uma ode processional, mas a forma dialogada já é característica da dramaturgia de Sófocles, e só em Eurípides encontramos um prólogo modelado em recitativo quase inteiramente destituído de vigor dramático e com a simples função de situar a audiência no ponto em que a ação se inseria na lenda ou no mito que lhe era familiar. E tal é a finalidade destes primeiros sessenta e três versos, recitados por Dioniso. O deus, única personagem em cena, diz-nos quem é e de onde veio (vs. 1–12), as terras que percorreu, antes de chegar a Tebas (13–22), a revolução suscitada entre as mulheres da cidade, os motivos que lhe ditaram o procedimento (23–42) e, por fim, o mais que ainda haverá de cumprir (43–54). Os últimos versos (55–63) dirigem-se ao coro que vem entrando na orquestra e que, a seguir, entoará o párodo. Por conseguinte, ficamos cientes de que, ao iniciar-se o drama, já as irmãs de sua mãe, com toda a "feminina estirpe de Tebas", tocadas com o "aguilhão da insânia", trocaram suas casas pelas fragas do Citéron.

A primeira seção do prólogo ministra-nos preciosas indicações cênicas. Sobre uma plataforma retangular, no século V, ainda de madeira, pouco elevada acima da rotunda da orquestra, quase tangenciando-a do lado oposto à arquibancada, erguiam-se colunas, arquitrave e frontão de um palácio, provavelmente dórico, e defronte dele um altar que, revestido de "racimadas frondes da vinha" e exalando fumos de incenso, sugeria o lugar atingido pelo raio fulminante de Zeus. A audiência por demais conhecia o mito: o desagravo de Here, enciumada esposa do supremo "Olímpico", consistira de incluir em Sémele o desejo de contemplar o amante na sua forma divina; e o maior ultraje (*hybris*) da deusa mostrava-se na infindável memória com que assinalara a infidelidade de Zeus, fazendo que lá no alto da Cadmeia todos para sempre vissem o fogo jamais extinto da vingança.

Nas três seções seguintes (13-54), fica esboçada uma situação que, sendo contraditória, ainda não é trágica. Se, por um lado, Dioniso quer difundir a fama de sua natureza divina, propagando por toda a terra (13-22) os "mistérios", as "orgias", o ritual que o revela como o deus que é, por outro lado, são as irmãs de sua mãe as primeiras que na Grécia o repelem, não crendo que a história dos amores de Zeus e da vingança de Here seja mais do que "astuciosa mentira de Cadmo", inventada para encobrir um vergonhoso enlace. Mas Dioniso dispõe de forças irresistíveis e avassaladoras; apresenta-se, ele próprio, como o mais enérgico dissolvente dos poderes negativos da vontade, e, contra o que querem, todas as mulheres de Tebas agora são *Bákkhai* (Bacantes), uma vez que se revestiram das insígnias de *Bákkhos* (Dioniso). Restam os homens e, à frente deles, Penteu, o tirano que ousava travar, contra os deuses, o "combate iníquo" (*theomakhei*). Talvez houvesse que denunciar aqui o vislumbre de frustração de um desfecho verdadeiramente trágico, quando Dioniso proclama que nem toda a Tebas em armas sobrepujará a força das Mênades. Diga-se em transcurso e a título de mera curiosidade, que se aventou a hipótese de Eurípides, neste ponto, ainda ter em mente o desenlace de *Penteu*, que integrava uma das tetralogias dionisíacas de Ésquilo, e assim, que a morte do rei às mãos de sua própria mãe fora a inovação horrenda do último grande trágico de Atenas.

Por aqui nos poderíamos deter. Importa, todavia, que bem vincados fiquem alguns traços deste prólogo; e não só os mais claramente visíveis por sua inequívoca expres-

COMENTÁRIO

são, como os que tendem a esvaecer sob a névoa de fugazes e indefinidas alusões. Alistemo-los pela ordem indicada.

1. Dioniso insiste no fato de se apresentar em Tebas como *homem*. Três vezes o diz, variando a fórmula: "minha forma divina pela de um mortal trocada" (4), "de mortal vesti o semblante" e "minha forma divina mudei em natureza humana" (53-54). A insistência parece-nos denunciar uma das intenções mais esclarecedoras do sentido do poema.

2. A tonalidade emocional do discurso inteiro, descontando alguns repentes ameaçadores, não é a de um deus ávido de cruenta vingança. A pessoa *humana* de Dioniso deixa em aberto a possibilidade de que Penteu nem venha a manifestar o intento de assaltar à mão armada as suas Bacantes; deixa lugar para a eventualidade de conseguir vencer os preconceitos do tirano pela evidência do milagre ou pelo vigor de uma linguagem persuasiva.

3. Não registra (vs. 13-22) qualquer sinal de que o Oriente bárbaro, nem mesmo as cidades do litoral jônico ("toda a Ásia que orla o mar salgado..."), em que os gregos se misturam com bárbaros, tenha resistido à propagação dos mistérios báquicos. Se é certo que na tradição do ciclo tebano o deus veio à luz em cidade helênica, menos certo não é que seus ritos, tão estranhos à morigerada Grécia, surgiram nos "campos preciosos da Lídia e da Frígia", e os últimos versos do prólogo (55-63) já nos dão a conhecer que um dos inabaláveis desígnios do poeta, por ora apenas cifrado na fugidia menção de "Reia-Madre", consiste em incluir a Grécia, a Anatólia e

Creta no mesmo horizonte mitológico e ritual da religião dionisíaca.

4. Esta tragédia de Eurípides pode ser considerada como a mais perfeita elaboração poética do mito da resistência grega à difusão do menadismo, posto que os escassos fragmentos e os vagos informes da tradição indireta não permitem nem sequer adivinhar os contornos das duas tetralogias que Ésquilo dedicou ao tema. Mas o auditório das *Bacantes* não desconhecia a lenda do trácio Licurgo, por Homero já celebrada no VI canto da *Ilíada* (vs. 130 e ss.), punido de cegueira, na versão homérica, ou, segundo mitógrafos mais recentes que nos podem ter preservado versões muito antigas, mesmo anteriores à redação final dos poemas homéricos, do desvario que o levou a trucidar o próprio filho. Nem tampouco ignorava as histórias que corriam acerca da feminina prole de Mínias, rei de Orcômeno (na Beócia, como Tebas!) e de Preto, soberano de Argos. Em ambos os casos, três filhas (três são também as irmãs de Sémele, filhas de Cadmo); ambos terminam pelo assassínio de uma criança, perpetrado do delírio da demência; em todos surge o fatal desfecho por consequência de uma sacrílega oposição ao culto de Dioniso.

vs. 64-169 Terminada a recitação do prólogo, Dioniso abandona a cena no momento em que o coro das Mênades entra na orquestra entoando a primeira, a mais longa e, por muitos aspectos, a mais notável de todas as odes corais desta tragédia. Efetivamente, quanto à forma e ao conteúdo, mais parece decalque de um hino litúrgico realmente destinado ao culto, do que obra de pura e livre invenção poética. O reconhecimento de semelhante característica já vem de longe (Zielinski, 1902; cf. Dodds, p. 69), e o crítico mais exigente e menos prevenido nada teria de opor à riquíssima documentação e habilíssima argumentação com que, acertadamente, se insiste em demonstrar "o significado religioso do párodo das *Bacantes*" (Festugière).

Em primeiro lugar e quanto à forma, se não bastasse a evidente estrutura cíclica, ainda teríamos o fiel testemunho da métrica. Diz-se que o epodo, por ser tão extenso, "quase se poderia considerar como um segundo hino, sem responso estrófico" (Dodds). Mas o certo é que tal extensão resulta das próprias exigências da composição cíclica: todos os temas do proêmio e das estrofes, com suas antístrofes, voltam a ressoar no epodo, embora, uma ou outra vez, não seja fácil reconhecê-los em suas variantes. Como exemplo, repare-se que às "beatitudes" da primeira estrofe corresponde aquele "como é doce cair por terra...", e ao miraculoso nascimento de Dioniso, da primeira antístrofe, as maravilhas de um solo que "escorre leite, arroia vinho e o néctar das abelhas..." Outras correspondências ressaltam com suficiente clareza para que nos dispensemos de mencioná-las.

A métrica arma-nos com os argumentos decisivos. O ritmo característico dos corais das *Bacantes* é o jônico *a minore* (breve breve longa longa, com ou sem resolução das sílabas longas), e este é o que predomina no proêmio e na primeira estrofe, com sua antístrofe. O comentador que mais freqüentemente citamos, afirma que "sem dúvida o uso deste metro é tradicional nos dramas dionisíacos", e lembra que o mesmo se nos depara no péano délfico de Filodamo a Dioniso, e no hino a Íaco no párodo das *Rãs* (vs. 324 e ss.). Diga-se com maior precisão, quanto ao péano délfico, que os jônicos *a minore* se acham no centro de cada estrofe e no início do refrão, e quanto ao párodo de Aristófanes, que o mesmo, intervindo na primeira estrofe (323-336) e na correspondente antístrofe (340-353), como metro inicial, dá o tom e aspecto litúrgico a toda a composição. É claro que o documento aristofânico só vale na medida em que demasiado crédito se não concede à proposição hipercrítica de um Íaco (Iákhos) que nada teria que ver com Dioniso, e mais não fosse que a personificação de uma fórmula ritual da iniciação eleusina. Mas extremamente curioso e sumamente instrutivo, na linha em que procuramos interpretar *As bacantes*, é que o metro em questão seja também o de um hino ao Zeus de Creta, achado em 1905 numa epígrafe de Palaikastros, cuja redação atual, datada do III século da nossa era, seria a cópia de um modelo inscrito, segundo Wilamowitz, no século V a.C. O hino celebra um divino *Koûros*, o Zeus-Infante que, desde Hesíodo, sabemos que foi dado à luz por Reia, nos antros sagrados da ilha. Basta reler os vs. 120-134 do nosso párodo, para que se não desconsidere este dado, tomando-o por inútil exemplo de uma erudição ociosa.

Conclusão definitiva e irrefutável é, porém, a que se extrai da análise do conteúdo. Zielinski (v. supra) já observara como a ode contém os três elementos essenciais de toda a religião: dogma (I estrofe), mito (I e II antístrofe) e rito (II estrofe e epodo). Festugière, no admirável estudo que dedicou a "La signification réligieuse de la Parodos des Baccantes" (*Eranos*, v. 54, 1956, pp. 72-86), amplia o horizonte descrito pelo famoso filólogo polonês, incluindo-o noutro mais vasto, que é o de toda a hinódica litúrgica dos gregos. Como ainda se pode depreender da

COMENTÁRIO

leitura de alguns dos hinos chamados homéricos, e não obstante as deformações da técnica rapsódica a que foram submetidos os eventuais modelos, um hino ritual devia expor, entre uma invocação e uma prece: 1) a natureza do deus, definida pelos seus atributos essenciais (*physis*), 2) a genealogia, que, o mais das vezes, se resume no relato de um nascimento miraculoso (*genos*) e 3) a menção dos poderes da divindade, dos empreendimentos que levou a cabo e dos inventos de que se arroga (*dynamis*).

É claro e manifesto que todos estes elementos retumbam na parte estrófica do párodo das *Bacantes*, e como, ecoando todos eles no epodo, o tornaram inusitadamente longo. Mas, para surpresa nossa, e tão grande que sempre provocará a excitada busca de uma explicação condigna, verificamos que só no *Genos*, descrito pelo milagre do segundo nascimento de Dioniso (1 antístrofe) não intervêm os elementos que, na opinião da maioria dos intérpretes compõem um arbitrário sincretismo que só existiria na imaginação do poeta. O final do prólogo (55-63) já denuncia a síncrise pela indicação de que o tamborim das Mênades é comum achado do Dioniso grego e da frígia Cibele. Agora, a segunda antístrofe do párodo (120-134) varia e amplia o tema da comunidade religiosa egeu-anatólica, proclamando que foi nos antros sagrados de Creta que os coribantes inventaram aquele "orbe de couro tenso e ressoante". Confundem-se, portanto, e de manifesto propósito, os assessores míticos do Zeus cretense (curetas), da Cibele frígia (coribantes) e do Dioniso grego (sátiros), e de tal modo, que confusos resultam a natureza (*physis*) e o poder (*dynamis*) da divindade em cujo louvor se entoa o hino, não se sabendo a quem mais propriamente atribuí-los, se a Dioniso-Zeus de Creta ou a Reia-Cibele da Anatólia.

Com a reserva que as precedentes considerações impõem, e excetuados, por ora, todos os versos do proêmio e os do início da primeira estrofe, podemos dizer que o párodo abre solenemente uma procissão de quadros traçados com raro vigor poético, em que Eurípides, através do coro das Mênades (e dos relatos dos mensageiros, nos episódios III e V) evoca Dioniso *em sua forma divina*,[2] e não já na forma humana de que o deus se revestiu ou por óbvia necessidade cênica ou por não esclarecida intenção dramática. Domina este primeiro quadro o anúncio de quem ao voltejar sereno ou agitado da dança báquica, "de súbito a terra inteira ressaltará dançando" (II estrofe) e a visão de um deus renascendo, na hora certa da celebração festiva, de um solo que "escorre leite, arroia vinho e o néctar das abelhas" e "exalta o incenso da Síria" (epodo). Acrescente-se o epíteto de "tauricornudo" (*taurókeron*), como que ardilosamente insinuado na primeira antístrofe, para designar o deus pela segunda vez nascido; a brevíssima alusão aos rituais cruentos do *sparagmós* e da *omophagía*, no início do epodo, e eis-nos perante interseccionadas epifanias de uma divindade que misteriosamente se compraz em revelar-se nas formas mais desconexas e, ao que parece, tão contraditórias como a suprema contradição que se dá entre a morte e a vida.

Escrevemos "misteriosamente", e era o advérbio próprio: todo o proêmio e parte da primeira estrofe aí estão para no-lo assegurar. Enquanto as Mênades entoam

---

[2] Com uma diferença notável: enquanto os coros das Mênades parecem ter sofrido as consequências da institucionalização ou do legalismo délfico, os relatos dos mensageiros apresentam a religião de Dioniso na sua espontaneidade original. A esta diferença se refere Dodds, mas seguindo outra linha interpretativa: as Mênades asiáticas representariam um *menadismo branco*, ao passo que nas Bacantes de Tebas haveria que denunciar a irrupção de um *menadismo negro*.

COMENTÁRIO

o hino "conforme o rito" (*nomosthénta*), silêncio sagrado hão de guardar os profanos. O original grego, traduzido ao pé da letra, diria: "que todos completamente santificados sejam (*exosioústho*), quanto a uma boca que não profere palavras inauspiciosas (*stóma eúphemon*)"; ora, se a melhor maneira de não proferi-las ainda é o permanecer calado, bem se justifica a versão: "fechai os lábios, guardando silêncio sagrado", locução esta que também equivale rigorosamente a *myesthai*, termo especializado em designar a *iniciação* nos mistérios. Eis por que não surpreende que logo a seguir, no começo da primeira estrofe, se nos depare a menção dos mistérios divinos (*teletas theôn*) e, sobretudo, incrustada numa fórmula de beatitude que desperta a reminiscência de outras (*Hino homérico a Deméter*, 480 ss.; Píndaro, frag. 121, Bowea; Sófocles, frag. 753, Nauck), que indubitavelmente se referem à felicidade prometida aos adeptos de cultos mistéricos.

170-369 Não podemos nem sequer acercar-nos da verdadeira significação dramática do primeiro episódio das *Bacantes*, sem, mais uma vez, nos referirmos ao párodo. Tão certo e incontroverso é que o coral, desde o início de proêmio até o fim da primeira antístrofe, não apresenta características formais que o diferenciem de qualquer outro espécime de hino litúrgico, como claro e evidente é o fato de, a partir da segunda estrofe, emergirem e elevarem-se, num irreprimível *crescendo*, as tonalidades distintivas e individualizantes do *ditirambo*, que não podiam faltar, tratando-se, como se tratava, do deus cujo epíteto mais divulgado era precisamente esse: "Dithyrambos". E é o que se verifica pela grande incidência de resoluções métricas, notável acúmulo de ritmos diversos e rapidamente alternados, acusada concentração de fórmulas de incitamento e comando. Também é certo que o epodo, como convém à índole de uma composição cíclica, reproduz os motivos das estrofes precedentes; mas agora toda essa temática se reacende, se tumultua e rebrilha na alucinada ambiência do organismo dionisíaco. Quer dizer: o poeta deliberadamente teria composto o párodo de modo que, introduzido pelo tom e fraseado solene, pelo ritmo sereno do hino litúrgico, familiar a todo o adepto dos "mistérios", depois se elevasse gradualmente até alcançar aquele paroxismo do êxtase que a *pólis* decerto nunca viu, mas a arte grega evocou por tão numerosos exemplos, na pintura cerâmica e na plástica.

Por conseguinte, não se pode negar que o final do párodo representasse um primeiro clímax do drama. Facilmente imaginamos como o auditório receberia um súbito alívio da sobrecarga emocional que lhe comunicara a dança agitada do coro, ao compasso do inquietante retumbar dos címbalos e crepitar dos crótalos. Na verdade, urgia o anticlímax que Eurípides, consumado mestre da arte cênica, lhe oferece logo no início da primeira parte dialogal da tragédia. Nada nos obriga a consentir na extremada opinião, segundo a qual o abrir da cena toca as fronteiras do cômico, e entenda-se que, na sequência (348 e ss.), o riso amargo de Penteu é o de uma ilusão perdida. No entanto, fica intacto o problema de saber até onde vai o humor de uma situação tão surpreendentemente expressa pelo contraste entre o entusiasmo contagiante e avassalador das Mênades e os passos trôpegos de dois velhos, como elas coroados de hera, cingindo a nébrida e segurando o tirso, mas procurando encher-se de "razões" para proceder como quem delas não carece. Há quem defenda a seriedade da ação, alegando o propósito de se reproduzir um milagre de rejuvenescimento, bem conhecido na mitologia dionisíaca. Não nos parece, toda-

COMENTÁRIO

via, que o argumento valha contra uma objeção que bem transparece em todo o desenrolar do episódio. A verdade é que este, bem considerado em seu conjunto, ou, pelo menos, no respeitante às falas de Cadmo e Tirésias, se nos afigura como a prova mais dramática de que muito pertinente era o provérbio citado por Platão: "muitos empunham o tirso, mas poucos são os bacantes" (*Fédon* [*Phaidon*], 69 c).

Ao breve diálogo entre Cadmo e Tirésias (170-214), cujo significado vemos que não parece equívoco, sucede o que poderia chamar-se um "segundo prólogo". Com efeito, os primeiros 33 versos recitados pelo jovem rei de Tebas (215-248) referem-se às ocorrências já descritas pelo primeiro, só que vistas do extremo oposto da contradição em que, daí por diante, vão assumindo trágico relevo toda a ação e toda a palavra das personagens em cena. Também não seria inadequado atribuir ao poeta a intenção de apresentar separadamente ao público as duas figuras que polarizarão as forças suscetíveis de se defrontarem com maior intensidade dramática. O processo não é inédito. Lembremos a *Antígona* de Sófocles, como o exemplo literariamente mais difundido, e o *Hipólito*, na própria dramaturgia de Eurípides.

Seja como for, as ocultas intenções do poeta podem ser relegadas a plano secundário, deixando lugar a uma consideração atenta da personagem que entrou em cena. Penteu não crê que Dioniso seja um deus. No decorrer da infância e da adolescência, em familiar convívio com as irmãs de Sémele, uma das quais é sua mãe, bem fundo radicara em seu ânimo a convicção que era a delas: a divulgada maravilha do nascimento prematuro surgira por força da "astuciosa mentira de Cadmo" (v. Prólogo), e a final gestação numa das coxas de Zeus redundava na inépcia com que se queria justificar a existência de um novo deus. Para o rei de Tebas, Dioniso ("filho de Zeus", conforme a etimologia em voga, por fins do século v) não passava de um "mago da terra Lídia", que se propunha subverter todo o conglomerado dos valores instituídos, assaltando a *pólis* pelo ponto mais fraco dos seus dispositivos de defesa: as mulheres — por natureza, menos imunes contra o entusiasmo contagiante de uma propaganda que feria, sobretudo, as cordas da emoção. Como se verifica pela sequência, Penteu mostra-se iludido quanto a um aspecto importantíssimo da "subversão" báquica. Na realidade, as mulheres de Tebas não desertaram os seus lares para se entregarem aos prazeres do sexo, depois que no vinho se lhes dissolvesse uma vontade só feita de não querer. Contudo é nesse ponto que Penteu repisa, com uma insistência suspeita: "no meio dos tíasos se erguem [...] crateras repletas de vinho"; "por toda a parte, em ermos lugares, se entregam ao prazer dos machos"; "[Dioniso] os mistérios báquicos consuma junto com as mulheres jovens"; "não creio em orgias sãs, quando a mulheres se serve o licor da vinha". Na sequência de Zielinski e Wilamowitz, Dodds (p. 93) tira a conclusão óbvia: "a sua atitude não é a de simples repulsa; diferentemente de Hipólito, (Penteu) é o puritano negro, cuja paixão se compõe de horror e desejo inconsciente".

No momento em que o soberano parece estar certo de que a força varonil, multiplicada pelo poder ofensivo das armas, levará de vencida a moléstia, verifica com dolorosa e indignada surpresa que nem só a "feminina estirpe de Tebas" (v. Prólogo) fora enredada na impostura. Não admira, portanto, que ao aperceber-se dos anciãos aprontados para ingressar no séquito das Bacantes, Penteu rompa em apóstrofes veementes contra um Cadmo que lhe parece tão-somente ridículo e um Tirésias a quem atribui os desígnios da mais desprezível ganância.

Uma brevíssima interpelação do coro (263-265) marca o trânsito para a longa tirada do sacerdote-adivinho. Mas, nem por tão breve deixa de constituir-se na primeira manifestação de um antagonismo que se desenvolverá, cada vez mais impetuoso, nos estásimos seguintes. Nesta altura, prevendo que Tirésias achará uma resposta adequada à insolência, o corifeu limita-se a desentranhar uma contradição que o público talvez nem sequer notasse. Que a não percebeu o rei, pode dar-se como certo, pois, do contrário, dificilmente se compreenderia que deixasse aquelas palavras sem réplica. Ou acaso quis o poeta dar a entender que o tumultuar de confusas emoções lhe obtundia a mente? Seja como for, se a alusão à "celebrada messe" tem algum sentido, não vemos como outro possa ser, senão o de mostrar a Penteu que não podia opor-se a Dioniso, começando por negar o seu miraculoso nascimento. Que vale semelhante ofensiva, se ele próprio é filho de Equíon, um dos homens que nasceram da não menos maravilhosa sementeira dos dentes de um dragão? Motivos de sobra assistem ao coro das Mênades, quando pergunta ao monarca se quer desonrar a sua estirpe.

Quanto ao discurso de Tirésias (266-327), escusamos de insistir em pontos pacíficos: trata-se de um daqueles anacronismos evidentes, que, por tão numerosos, já não sobressaltam nem o mais atento leitor de Eurípides. A oração desenvolve-se em conformidade com todas as regras da arte retórica, introduzida e divulgada em Atenas, na segunda metade do século v. Se falta a diegese, é porque a questão já fora dramaticamente exposta e, portanto, o orador podia começar pelo proêmio (266-271), passar às provas (272-318) e concluir pelo epílogo (319-327).

O proêmio dispensa comentário: só a audácia e o vigor da palavra não prevalecem em causa justa, pois "acerca de nobre assunto" sempre afluem os argumentos certos. A causa é a de Dioniso, que Penteu vitupera. Mas, que vale a defesa que o exórdio prometia? Vejamos. O rei de Tebas acusa o logro: Dioniso não é um deus, nem mesmo que pretendam dá-lo por "novo". Tirésias responde, sem revelar de início a negação sacrílega. "Esse novo deus [...] nem sei dizer-te quanta para a Hélade será a sua grandeza", com implícita referência ao triunfo da política religiosa de Delfos (ao tópico importantíssimo voltaremos adiante), e procede arguindo que nem pode afirmar-se que "nova" seja essa divindade, se a considerarmos como personificação do elemento líquido, tal como Deméter o é do elemento seco. E tanto mais digno de exaltação se torna o deus, quanto mais certo é que, vertido sob a espécie do vinho, em oferenda aos deuses imortais, deles recebem os homens "todos os bens que lhes cabem". Assim Dioniso se avulta como propiciador universal. Ao segundo agravo de Penteu, que consistira em ridicularizar o mito do segundo nascimento de Dioniso, a réplica é tão pronta como surpreendente. O mito insólito nasceu de um equívoco: "porque o deus era penhor (*hómeros*) do ciúme de Here, disseram depois que na sua coxa (*ho merós*) Zeus o criou". Mas o que na realidade aconteceu, foi que o soberano dos "olímpicos" ardilosamente aplacou a ira da enciumada esposa, entregando-lhe um pedaço do "éter que circunda a terra", plasmado na forma do deus-menino.

Nos versos que seguem (298-313), a argumentação de Tirésias desvia-se da natureza de Baco para a do delírio

COMENTÁRIO

das Bacantes, do deus para a sua obra. Presumivelmente não o faria se não soubesse que entre os efeitos do *entusiasmo* se encontram alguns dos que não desdenha qualquer governante de uma cidade grega: a previsão do futuro e o furor da guerra. O mais certo, porém, é que a intenção do vate seja apenas a de preparar uma advertência oportuna: "não penses que tua força tudo possa entre os homens, nem, só porque assim o julgas, que sábio sejas, com tua mente insana". E, finalmente, após a refutação do mais insistente agravo, ao afirmar que, no respeitante a sexo, só a índole particular de cada mulher decidirá a sua conduta (314–318), vem o argumento *ad hominem*: "o deus se regozija com as honras que lhes prestam", tal como apraz ao rei que os súditos acorram às portas de seu palácio (319 e ss.). A longa fala termina confirmando, por via indireta, o que Dioniso expressamente declarou no Prólogo (43 e ss.): Penteu é um *teomákhos*: lutando contra os deuses, revela-se como o mais ímpio dos homens.

Ao que nos parece, os consecutivos versos do coro iluminam com sua breve cintilação o verdadeiro caráter deste discurso. Pela terceira vez o poeta se refere a Delfos e à política religiosa de seu corpo sacerdotal. Primeiro, foram aquelas palavras apenas alusivas: "esse novo deus... nem sei dizer-te quanta para a Hélade será a sua grandeza" (cf. supra); depois vem a menção direta e inequívoca (272 e ss.) "e tu o verás [Dioniso] sobre os penhascos de Delfos, archotes em punho, brandindo e agitando o ramo báquico". Agora é a vez do coro, proclamando-o sábio, porque suas palavras "não ultrajam a Febo e honram a Brômio". A sabedoria de Tirésias é a da sofística ao serviço de um *legalismo* (o termo é o que Martin P. Nilsson usou para designar a religião de Delfos) sobre o qual Eurípides sempre deu testemunho da mais profunda antipatia — esse esforço, aliás bem sucedido, por transformar a tradição em instituição, e por, através da instituição sancionada pela suprema lei do "nada de excessivo", artificialmente conciliar o que de mais inconciliável persistia nas tradições religiosas do povo grego. E assim, o dia chegou em que Dioniso foi recebido em Delfos, mas à custa da submissão a uma disciplina ritual que o descaracterizava nas suas manifestações originalíssimas.

Tirésias opõe-se à racionalística negação da existência do deus (cf. vs. 200 e ss.), mas não sabe ou não pode afirmá-la, senão defendendo-lhe a racionalidade. Tirésias é o apologeta. Mas onde está uma apologia que não se encontre imersa quase toda ela nas circunstâncias culturais do seu tempo? Na apologese de Dioniso, proferida por Tirésias, ecoa talvez o pensamento de Anaxágoras, talvez o de Diógenes de Apolônia, naquele "éter que circunda a terra"; decerto repercute o de Pródico, que teria dito:

Os antigos consideraram como deuses a utilidade que nos proporcionam o sol, a lua, os rios, as fontes e, em geral, tudo quanto é útil em nossa vida [...] e, por essa razão, acreditam que Deméter fosse o pão; Dioniso, o vinho; Poseidon, a água; Hefesto, o fogo e, assim, tudo o que algum proveito nos desse. (frag. 5, Diels-Kranz)

Os deuses morrem na alegoria; ou melhor, só deuses mortos se prestam à alegorese. "És sábio!", exclama o coro, rematando o discurso de Tirésias; mas o que *sabedoria* significa pra ele, para o tíaso das Mênades asiáticas, só viremos a conhecê-lo no estásimo que não vem longe.

Chega a vez de Cadmo: são poucos versos (330–342), mas sumamente instrutivos. O heroico fundador da cidade de Tebas proclama com a mais cândida ingenuidade o motivo do procedimento que provocou a indignação do neto: "ainda que, como dizes, não existisse esse deus, dize

COMENTÁRIO

para ti mesmo que ele existe. Mentira piedosa, para que, aos olhos de todos os mortais, seja Sémele a mãe de um deus e tal honra caiba à nossa raça inteira".

Diante da retórica sofista, posta ao serviço do proselitismo délfico, e do orgulho da família, que não hesita em recorrer à mentira, piedosa ou astuciosa, mais violenta irrompe a indignação de Penteu (343-357). Tirésias, suposto instigador de Cadmo, há de suportar toda a fúria do tirano. Mas no contraste dramático, os velhos saem perdendo. Se bem que primacialmente recaia sobre o deus odiado, a irreprimível cólera do rei traz um sinal de vida intensa e profunda e, por isso mesmo, muito mais se aproxima dele, que o frio e calculado discorrer de quem se propõe cultuá-lo.

Resta somente apontar que, para o fim do episódio, prorrompem os primeiros sinais que deixam entrever o destino trágico de Penteu. O primeiro é a referência de Cadmo ao mito de Actéon (337-340); e o segundo, nas últimas palavras de Tirésias, o jogo de *Pentheús*, nome do rei, com *pénthos*, vocábulo que significa luto.

vs. 370-433 O primeiro estásimo (370-443), comentário lírico ao episódio que acaba de desenrolar-se em cena, compõem-se apenas de dois pares de estrofes; mais exatamente, de duas estrofes, a cada uma das quais responde uma antístrofe. No primeiro par, assim como no párodo, mantém-se o jônico *a minore* e, por conseguinte, aquele ritmo que bem se designou como o do hino litúrgico, característico dos corais das *Bacantes*. Mas não é só um comentário: o coro intervém dramaticamente na ação, denunciando a insolência (*hybris*) de Penteu, toda escudada com as prerrogativas do poder real e, sobretudo, apoiada na força das armas. O rei ordenara a prisão do estrangeiro (352 e ss.) que ousou desafiá-lo em sua própria terra, repetindo, mais de uma vez, o que se lhe afigurava como a fórmula mais verídica da subversão: "...achai a pista desse forasteiro efeminado, que introduziu nova moléstia entre nossas mulheres e corrompeu nossos leitos". O término do episódio deixava pender a ameaça de uma catástrofe. Sentem-na as Mênades e, por isso, expandem sua nostalgia das terras distantes (ii estrofe), onde não há humanos que ponham entraves ao cumprimento da Lei Divina.[3]

De entre os elementos estruturais do hino, os que sobressaem com maior evidência foram registrados por Dodds (pp. 111-12) com inexcedível rigor e excepcional acerto — motivo suficiente para que citemos as próprias linhas em que o comentador os expõe:

As estrofes estão diretamente referidas à ação dramática: a primeira denuncia a *hybris* que Penteu acaba de demonstrar, e daí apela para o espírito de Reverência (*hosía*); a segunda, expressa o desejo do coro de escapar para terras em que o seu ritual não é proscrito, como em Tebas. As antístrofes desviam os olhos da situação imediata, para manifestar o conflito subjacente, em termos mais amplos, por meio de sentenças proverbiais (*gnômai*): a luta entre Penteu e a nova divindade converte-se em tipo de toda a luta entre a arrogante agilidade de espírito (*cleverness*) do intelectualismo ateu e o sentimento religioso instintivo do povo. A mesma estrutura — estrofe dramática, antístrofe universalizante — aparece no terceiro estásimo (862 e ss.) e no quarto (977 e ss.), se bem que em outros corais de Eurípides, a trajetória do pensamento passa mais frequentemente do universal para o particular.

Isto posto, e bem posto, ainda sobejam dúvidas quanto ao verdadeiro significado desta ode que, entre todas, podemos dizê-lo sem receio de desmentido por

[3] Festugière assim traduz *hosía*, a santidade que o estásimo celebra, no ensaio que dedicou a "Euripide dans les Bacchantes", publicado, juntamente com outros, no livro que saiu sob o título *De l'essence de la tragédie grecque*. Paris: Aubier, 1969.

COMENTÁRIO

parte da bibliografia atinente, permanece como desafio ao mais engenhoso dos intérpretes. Não queremos nem sequer insinuar que Eurípides, com um intento aleivoso, que, afinal, arruinaria os efeitos dramáticos da representação, tivesse proposto um enigma indecifrável à audiência dos contemporâneos. Mas o problema reside precisamente em averiguar que sentido imediato teriam aqueles versos para um grego que vivesse nos últimos anos do século v. E se, ao que parece, tal sentido não se nos depara com suficiente clareza, importaria perguntar, antes de mais, que é o que nos impede de claramente vê-lo. A tais e quantas questões se enunciem pelo caminho da perquisição, tenhamo-lo por certo que só o texto nos proporcionará a resposta, e, ainda assim, se o lermos à luz que propicie o ressalto dos seus pontos relevantes. Examinemo-lo, então, com os olhos em mira dos eventuais motivos que obstam a perfeita coincidência das perspectivas antiga e moderna.

Em primeiro lugar, parece que não devemos esquecer, aqui, uma das intervenções do coro, no episódio decorrido: no final da "apologia" de Dioniso, recitada por Tirésias, as Mênades proclamam "Tuas palavras, velho, não ultrajam a Febo e honram a Brômio, o grande nume. És sábio!" Ora, no comentário *ad locum*, deixamos em aberto, e com uma alusão a este estásimo, o problema de averiguar o que poderia significar, para o tíaso bárbaro, a palavra "sabedoria". Não cremos que o canto do coro seja unicamente a merecida réplica à insolência de Penteu: *todas as personagens do primeiro episódio estão em jogo*. Em verdade, no sentido das Mênades, Tirésias só é sábio, comparado com Penteu, *relativamente* a Penteu e o mesmo se diria a Cadmo. Mas, onde iremos encontrar a sabedoria *absoluta*?

O mais embaraçoso é, conforme já foi notado (Winnington-Ingram), não haver personagem na cena ou na orquestra, que não se ache no direito de reivindicar para si, e recusá-la aos outros, aquela reta e salutar atitude para com as coisas, a sanidade e equilíbrio mentais que definem a área semântica de vocábulos, ou grupos de vocábulos, frequentemente pronunciados desde o início do primeiro episódio, tais como *eu phronein, phronein, noun ekhein, sophronein, sophos, sophia*. Como dotados de semelhantes qualidades se firmam e afirmam Cadmo e Tirésias contra Penteu, e Penteu contra Tirésias e Cadmo. Até aí ninguém vê contradição insanável; e se, efetivamente, alguma se dá, não é das que ultrapassam o horizonte da experiência comum. Boas ou más, as personagens em cena apresentam-nos as suas razões. E embora não sejam *razões*, o que falta no discorrer dos loucos, não pode dizer-nos que Tirésias, Cadmo e Penteu não extraíam as suas da própria realidade em que vivem, não só eles, como a grande maioria do povo grego. Por um lado, lustre de uma estirpe e apologética de conciliação de opostas correntes religiosas, e, por outro, a defesa dos costumes ancestrais e das leis estabelecidas, não se oporiam a tal ponto que o conflito de algum modo se tornasse insolúvel. Pelo menos, é certo que Delfos encontrou a solução política, registrada por uma história que jamais deu lugar ao que quer que fosse de trágico.

A contradição só assume dimensões de tragédia, na obra do poeta; e mal nos perguntamos por quê, logo começa a descortinar-se uma resposta, no que o estásimo nos oferece em forma da mais assombrosa incoerência. Pois onde iriam as *Enlouquecidas* (*Mainádes*) descobrir argumentos que valesse em causa própria — naquela que Penteu ofende, à sua maneira de tirano, e Tirésias tão mal defende, à sua maneira de sofista? No final da cena, mais conforme seria ao caráter das Mênades que guardassem silêncio confiante na divindade cujos miraculosos poderes já conheciam e ditirambicamente proclamaram no párodo. E se o poeta entendeu que deviam intervir no drama, por que não se limitaram elas a apelar lamentosamente para a Sanidade — Espírito de Reverência ou Lei Divina —, ofendida pela espontânea violência de Penteu e pela calculada apologia de Tirésias? Mas, em lugar do que pareceria mais lógico, o que efetivamente se nos depara é a mais espantosa das incoerências: *agora, as Mênades asiáticas do párodo expressam ideias especificamente gregas, em linguagem genuinamente grega!* Na caracterização do Dioniso do estásimo não soa qualquer nota em estridente dissonância com os ideais religiosos da *pólis*; o elemento oriental do entusiasmo extático cedeu o lugar a um dispensador da opulência e da alegria de viver, a um deus "cujo dom é folgar nas jubilosas danças, ao som das flautas, adormentar nossas dores, quando o humor dos vinhedos esplandece no convívio dos numes e, nos banquetes engrinaldados de hera, a cratera nos infunde o torpor" (I estrofe; o ciclo fecha-se na II antístrofe, pela variação do mesmo tema).

Esta impressão imediata parece receber o apreciável reforço da *gnômica* contida na primeira antístrofe. Desta vez, dificilmente se reprimirá a suspeita de que as bacantes da Lídia também frequentaram a escola de Delfos; dir-se-ia, com efeito, que o "conhece-te a ti mesmo" e o "nada de excessivo" são os motes glosados pelos dezesseis versos da estância. Como não reconhecer, todavia, que tais provérbios irrompem por um extremo da contradição, cujo oposto é, precisamente o "excesso" e o "desconhecimento", característicos inseparáveis do movimento dionisíaco? Se é verdade que o conhecimento de si mesmo consistia na consciência dos limites que apartam os seres humanos dos deuses imortais, que dúvida há em que o párodo apontava inequivocamente para o excesso, com o tranquilo desprezo de um abismo tido na conta dos insuperáveis?

Todas estas reflexões só contribuem para revigorar a lídima perplexidade quanto à significação deste primeiro estásimo da tragédia. E fica bastante claro que uma interpretação de conjunto não pode passar indiferentemente sobre a ambiguidade que ressalta do confronto do párodo com o primeiro estásimo, ou evitar a resposta que naturalmente caberá à questão de saber se as Mênades se alinham ou não contra Penteu e ao lado de Tirésias e, portanto, ignorar em que medida cederam, se é verdade que cederam, às sugestões do legalismo délfico.

Importante e decisivo para desenlear este intrincadíssimo nó problemático, é o bem entender a que visa o poeta, ao escrever: "sabedoria não é a do sábio que para além da órbita do que é mortal razoa". Convenhamos em que talvez fosse possível evitar a paráfrase e, em parte, adotar a tradução dos comentaristas ingleses para o verso 395: "*cleverness is not wisdom*", ou seja, "destreza (mental) não é sabedoria". Ainda assim, bem se vê que "destreza mental" ou "agilidade de espírito" é a daquele que "para além da órbita do que é mortal razoa", e se procurarmos saber a qual das personagens se refere a sentença reprovatória, o nome de Tirésias, e não o de Penteu, é o que obviamente ocorre. Não é esta a opinião mais divulgada, mas cremo-la a mais acertada:[4] no episódio precedente, só os dois velhos, e Tirésias com sensível predominân-

---

[4] Com K. Deichgräber, *Die Kadmos—Teiresiasszene in Eurípides Bakchen*. Hermes, 1935, p. 322 e ss.

cia, "razoaram". Donde se conclui, por lógica inferência, que as Mênades pretendem ser as únicas que não discorrem "para além da órbita do que é mortal". Mas repare-se: sua abstenção não aponta necessariamente para proverbialismo délfico, pois o "excesso" determina-se agora como ofensa a uma santidade que se demonstra por devotado abandono aos desígnios de todos os deuses, não só do perturbante Dioniso, mas até dos imperturbáveis urânidas (cf. I antístrofe).

Em suma Dodds (v. supra) *tangenciou*, mas apenas tangenciou, o círculo em que se encerra a verdade do comentário lírico ao primeiro ato do drama asseverando que a luta entre Penteu e a nova divindade se converte, no estásimo, "em tipo de toda a luta entre o intelectualismo ateu e o sentimento religioso instintivo do povo".

vs. 434-518 Daqui por diante, após uma apresentação e uma discussão em que à força de amontoar e, talvez, tumultuar pormenores, já ficaram esboçadas algumas antecipações, o comentário poderá abreviar-se, e tanto mais, quanto é certo que, no prosseguimento da leitura vão rareando as passagens de equívoca significação.

Decorrida aproximadamente uma terça parte do drama inteiro (433 versos), o segundo episódio apresenta-nos Penteu e Dioniso defrontando-se pela primeira vez em cena. Não é que, em boa verdade, se possa falar da ausência do deus; pelo contrário, se em forma e natureza humana Dioniso desaparecera aos olhos do público ao terminar o prólogo, foi, como teremos ocasião de verificar, para que melhor aparecesse em forma e natureza divina.

Quanto a uma caracterização geral deste primeiro duelo dos principais antagonistas e à sua relação com os seguintes, inevitavelmente se impõe o recurso às mesmas palavras, tão sintéticas como sugestivas, que Dodds (p. 124) lhe dedicou:

> É esta a primeira das três cenas entre o homem e o deus, entre Penteu e o Estrangeiro. Formam elas uma espécie de tríptico, admiravelmente construído, com a simetria antitética, balanceada, em que a arte clássica se compraz. Neste primeiro e breve encontro, o forte (Dioniso) finge de fraco, enquanto o fraco (Penteu) cede à própria ilusão de ser forte: termina pela vitória, aparentemente completa, do homem sobre o ente sobrenatural. A longa cena central (642-861), cuidadosamente elaborada, exibe o processo mediante o qual se inverte lentamente a relação; a terceira cena (912-976), também curta, mostra a completa inversão. Este conflito, em seus três estágios, é o núcleo dramático da peça: tudo o mais acorre para ele ou decorre dele.

Resta chamar a atenção do leitor para alguns dos momentos mais notáveis. Terminado o primeiro episódio com a retirada de Cadmo e Tirésias (este não mais intervém no drama, posto que desempenhou inteiramente o papel que lhe fora designado: representar uma das mais importantes atitudes que um grego da época clássica, por já denunciado anacronismo, podia assumir perante a propaganda da nova religião), Penteu teria permanecido em cena durante toda a execução do estásimo. Ao morrerem os últimos ecos da ode coral, chega o servo incumbido de prender o "mago da Lídia", com alguns companheiros (personagens mudos), e trazendo Dioniso acorrentado. Ora, digno de especial referência é o fato de as primeiras palavras enunciadas em cena mostrarem a mais estreita relação com as últimas entoadas pelo coro: essa "crença que a ignara gente segue", essa "crença em que a turba crê" (v. final do estásimo), a "fé dos simples", diríamos nós, não afetada ainda pelos problemas em que se compraz a "agilidade de espírito" dos que razoam "para além da órbita do que é mortal", traslada-se subitamente da orquestra para

COMENTÁRIO

a cena. O servo exprime, sem qualquer reserva mental, a impressão que lhe causa a brandura da presa e transfere para o tirano a responsabilidade do aprisionamento; e, assim também, a maravilha em que o deixa a libertação das Bacantes, soltas sem que "mão de mortal lhes tocasse". Não se poderia exigir mais rigorosa demonstração do bem sucedido intento que moveu o poeta a reabilitar, tanto quanto o permitia a irreversibilidade do processo histórico, certos traços *originais* da poesia trágica.

Na réplica de Penteu (451-460) há dois pontos a considerar. O primeiro é que ela nos fornece as indicações cênicas do aspecto de Dioniso "em sua forma humana", que faltavam no prólogo; e o segundo, é que as mesmas indicações fixam um tipo correspondente à expectativa do tirano, que persiste e insiste em não admitir que o forasteiro tenha vindo a Tebas, senão com o propósito de subverter as instituições da cidade, começando por seduzir as suas mulheres. O preconceito erótico, que não se lhe esvai da mente, reaparece com destemperada ironia no verso 487. Quando Dioniso confia a Penteu que os mistérios da divindade se celebram preferentemente de noite, "porque mais veneranda é a sombra", retorque ele, na veloz arrancada do diálogo verso a verso (*stykho-mythía*): "e para as mulheres cilada certa..." Arriscamos a hipótese de que os versos 477 e 478 alinhem na mesma perspectiva. É verdade que o deus quis assumir a forma humana, mas esta, veem-na, os homens, como eles querem. Mais provável, todavia, é que os mencionados versos tenham o mais dilatado alcance de uma crítica ao antropomorfismo: os deuses, os verdadeiros deuses, tomam o aspecto que lhes apraz, não o que os homens lhes impõem.

vs. 519-575 A ameaça proferida por Penteu, no final do primeiro episódio, toma agora forma e consistência de inexorável realidade, e a prisão de Dioniso nos estábulos do palácio do rei provoca a explosão emocional do coro, que irrompe num canto de *tribulação* (Dodds, p. 135). É o segundo estásimo, que se amolda ao esquema mais simples: estrofe (519-536), antístrofe (537-555) e epodo (556-575), sem alterações notáveis quanto à métrica característica das partes corais desta tragédia.

A estofe é um último apelo a Tebas, através de um ente da natureza, já que os homens não mais escutam a voz do tíaso. Dirce, a fonte que brota nos arredores da cidade e cujas águas se escoam, formando um ribeiro, converte-se em *persona mythologica*, invocada como filha de Aquéloo. Também este, como o maior rio da Grécia (nasce no Pindo e deságua no Mar Jônico) é para os gregos o deus-rio, por excelência; possui, como todos os seus congêneres, o dom da metamorfose e, na plástica, representavam-no em figura de touro. Simples coincidência? Talvez. Mais uma alusão ao mito do segundo parto de Dioniso, pelas palavras atribuídas a Zeus, joga com a etimologia falsa de *Dithyrambos*, epíteto de Dioniso, insinuando-lhe o significado de "o que duas vezes (*dis*) chegou às portas (*thyr-*) do nascimento". Mas, como *Dithyrambos* também designa qualquer componente de um tíaso, torna-se claro que a repulsa da cidade de Tebas envolve, de uma vez, Dioniso e as suas Mênades, contra o imperativo do supremo "Olímpico". Na antístrofe, a indignação das Bacantes Asiáticas prorrompe na invectiva em que se mostra a conformidade do tirano com o caráter da sua própria estirpe. Só o deus, descendo "do alto Olimpo", poderá esmagar, como seu pai o fizera outrora (Gigantomaquia!), o orgulho desse último representante dos Terrígenos (cf. "Penteu, de Equíon Ctônio gerado", "Gigante sanguinário, contra os deuses lutando"). Se não, ainda resta realizar o que,

COMENTÁRIO

na segunda estrofe do primeiro estásimo (v. 402–416 e comentário *ad locum*, era apenas anseio sem propósito de imediata satisfação. Tal o conteúdo do epodo que, além da "Piéria belíssima...", menciona agora os píncaros da Corícia (Parnasso), Nisa, a mitológica paisagem que viu a infância de Dioniso, e, referindo-se aos "frondosos tálamos do Olimpo", lembra Orfeu que "outrora, tangendo a cítara, conciliava as árvores e as bestas feras". A reminiscência não pode ser casual: o mito de Orfeu ostenta numerosos e inconfundíveis traços dionisíacos, e por demais é sabido que o orfismo aparece em épocas históricas como uma "especialização" grega do dionisismo. Enfim, não é importante que a referência final ao Áxio e ao Lídia, rios da Macedônia, que "embebem a terra dos velozes corcéis", assinale a gratidão do poeta ao país onde viveu os derradeiros anos da sua vida.

vs. 576–861 Para efeito de comentário ou simples indicação dos pontos de culminância dramática, o terceiro episódio, de todos o mais longo (285 vs.) pode dividir-se em três partes: o "Milagre no Palácio" (576–656), as "Bacantes no Citeron" ou "Relato do mensageiro" (657–786) e a "Tentação de Penteu" (787–861). Mas, advirta-se uma vez por todas que nem tão bem servida é a causa do intérprete, estabelecendo divisórias, quanto o seria, perseguindo a "íntima conexão dos atos" (Aristóteles) até um ponto do qual se entrevê o todo que amplamente excede a soma das suas partes. Nas *Bacantes*, a unidade da ação mostra-se quantas vezes atentarmos nela, com a força da própria evidência. E uma, entre tantas, é a que se nos oferece logo no início deste episódio, abrindo com uma resposta ao angustioso apelo entoado pelo coro, no estásimo precedente. A Dioniso se dirigiam as Bacantes Asiáticas, em derradeira instância. Dioniso lhes responde agora; —

o próprio deus, voz de pessoa invisível em cena, e não a do humano "príncipe" do seu tíaso. Do ponto de vista formal, depara-se-nos, neste princípio de cena (576-603) uma daquelas composições lírico-epirremáticas[5] não pouco frequentes nos textos dos dramas conhecidos, e que consistia em canto e recitação alternados, do coro, na orquestra, e de um ator, em cena (*amoibaíos*). Nas *Bacantes*, além desta, encontramos mais duas passagens com estrutura idêntica: a segunda, no quinto episódio (1024-1042), e a terceira no êxodo (1168-1199); todas três, acentuando os traços de uma situação particularmente lamentosa, apontariam para a origem do gênero na lamentação fúnebre ritual. É uma hipótese, tão provável ou improvável como outras, e só como tal e em transcurso a mencionamos.

Verossimilhança poética e autenticidade dramática do terremoto é hoje questão pacífica. Não o era nos tempos em que G. Norwood (*The Riddle of the Bacchae*, 1908) e A. W. Verrall (*The Bacchants of Eurípides and other Essays*, 1910) enunciaram e defenderam a tese da sugestão coletiva: realmente, nada sucedeu; o palácio de Penteu só se desmoronou pelo tremor de terra, e o fogo na tumba de Sémele só se reacendeu pelo "facho rutilante do raio" na imaginação das Mênades, hipnotizadas pelo "mago da Lídia" — e era isso, precisamente, o que o autor da peça pretendia demonstrar pelo fato de, na sequência, nem Penteu nem o Mensageiro pronunciarem uma palavra alusiva ao desastre. Seria natural que a proferissem? "Natural" não parece, decerto, medindo o silêncio

pelos padrões do realismo moderno; mas, em peças gregas, as pessoas não perdem tempo em falar do que é natural, a não ser que a referência tenha importância dramática; e depois de terminada a

---

[5]Cf. Aristóteles, *Poética*. Porto Alegre: Globo, 1966. Introdução, p. 33 e ss. e Apêndice IV.

COMENTÁRIO

cena, comentários e explicações seriam dramaticamente irrelevantes […].[6]

Em pura perda se exerceriam maiores esforços na refutação da tese ilusionista. Basta o que se conhece acerca das convenções cênicas do teatro grego para saber que não existia efeito cenográfico suscetível de provocar comentários de qualquer das personagens (cf. P. Arnott, *Greek Scenic Conventions in the Fifth Century* B.C., 1962, especialmente, as pp. 124 e ss.). O drama antigo cria o seu próprio cenário, mediante o poder invocador da palavra. E para encerrar o assunto, tente o leitor responder à seguinte pergunta: *como assumiria trágico relevo a obstinação de Penteu aos olhos de um espectador que o não visse ir de encontro a uma sobre-humana realidade?*

Para o coro das Mênades, quem sai do palácio e agora em cena (604 e ss.) não é o deus que lhes falara, o portador da voz a que obedeciam as forças elementares, mas o chefe e o guia do seu tíaso, que elas ainda criam que jazesse agrilhoado no fundo dos estábulos reais. À explosão de alegria por revê-lo em liberdade, sucede o momento naturalíssimo da interrogação curiosa: "como te livraste, se estavas em poder do ímpio?", "A ferros não te pusera ele ambas as mãos?" A resposta de Dioniso é uma obra-prima de humorismo mal contido dentro dos limites da austera tonalidade do drama. Nem a tradução ingrata chega a encobrir inteiramente a leveza e a agilidade da elocução, que no original grego se caracteriza pelo uso do tetrâmetro trocaico, metro que teria sido o das falas na primitiva tragédia (Aristóteles) e Eurípides reserva para imitar a réplica expressiva e espirituosa da linguagem coloquial. A nota que sobressai no conteúdo

---

[6]Dodds, p. 135, endossando um argumento de Kitto, *Greek Tragedy*, pp. 379–80.

da narrativa é a da *metamorfose*, expediente pelo qual a divindade ilude e desilude a fúria do perseguidor, e a mais sugestiva é a que, pela segunda vez, no decorrer do drama, denuncia Dioniso como o deus-touro. A primeira alusão à epifania taurina, encontramo-la no párodo (v. 100); a terceira assomará no quarto episódio, quando Penteu já se abeira da catástrofe. O brevíssimo diálogo que segue entre Dioniso e Penteu (642-659) serve para que o deus confirme as últimas palavras que adressara ao tirano, no final do segundo episódio (515-518): "se em mim injúria cometes, é a ele [Dioniso] que em grilhões arrastas". Com efeito, alguém libertou, e esse foi "aquele que a uva amadurece para os mortais" (652). Dir-se-ia que Dioniso se esforça por sugerir a Penteu a solução do equívoco que o levará à ruína; por dizer que o rei de Tebas não combate mais um "mago da Lídia", ou de qualquer outro país dos bárbaros, vindo à Hélade para lhe subverter os costumes, mas um deus ignorado ou esquecido no fundo da sua própria alma, como, talvez, na de todos nós.

O momento decisivo no confronto dos antagonistas Penteu e Dioniso em breve teria chegado no prosseguimento do diálogo que se interrompe ao finalizar a primeira parte do episódio. Obra de arte, com poucos exemplares que a superam, consistiu em retardá-lo, interpondo aquela centena de versos (677-768), em que o mensageiro relata a ação das "Bacantes no Citeron". E não só porque em tal passagem irrompe um inestancável caudal de lirismo, sem retórica que o ensombre, como também por se verificar quanto, por necessidade intrínseca, o drama lhe exigia a presença. Com efeito, vale, em circunstâncias análogas, repetir a pergunta: *como assumiria trágico relevo, a obstinação de Penteu, aos olhos de um espectador que o não visse ir de encontro a uma sobre-humana realidade?* (v. supra). Penteu acaba de defrontar-se com um deus revestido de forma humana. Por isso ainda lhe era fácil, refugiando-se na inabalada crença de que tratava com um "mago da Lídia", mitigar o sabor amargo que lhe ficara de experimentar a força incontrolável dos elementos. Deste ponto é que nos parece que deva partir o intérprete desprevenido, em busca do autêntico valor dramático do "Relato do mensageiro". Em forma divina — por oposição à forma humana, três vezes proclamada no prólogo —, não cremos que Dioniso apareça unicamente no fim da peça, só porque então, e só então as convenções cênicas elevam o ator às alturas do *theologeion*, enroupado em vestes mais ricas ou mais vistosas. *Mutatis mutandis*, o mesmo se diria do *Hipólito*, por exemplo mais próximo: como personagem cênica, Afrodite retira-se, terminado o prólogo, e Ártemis só por escassos momentos intervém no êxodo; mas quem ousaria correr o risco de afirmar, com força de tese, que as duas deusas efetivamente se ausentaram? E mais: que a sua presença, por não antropomórfica e despersonalizada, não se revela com tanto maior evidência no desenrolar de toda a ação dramática, desempenhada por personagens tão-somente humanas? Se não receássemos o descaminho, por apressada generalização, concluiríamos que, de algum modo, toda e qualquer tragédia grega é ou tende a ser uma teofania.

Na perspectiva que acabamos de entreabrir, mais clara se nos afigura a intenção do poeta ao delongar o momento em que se decidirá o destino de Penteu. Faltava rematar mais um nó que manteria a trama sem perigo de ruptura por inverosimilhança; era necessário oferecer a Penteu mais uma possibilidade de se lhe abrirem os olhos para um Dioniso representado sob sua forma divina. Tal é a função dramática do "Relato do mensageiro". Para a sorte horrorosa do tirano, para a ruína de Cadmo e de toda a sua família, nunca se achará razão suficiente na hipótese de Eurípides ter concebido *As bacantes* no propósito de expor Dioniso e sua religião à repulsa dos contemporâneos. Não faltam argumentos contra semelhante hipótese; e o caráter do adversário presta-se a mais profundas reflexões sobre o sentido do desfecho — por conseguinte, da tragédia inteira.

Para a composição do drama, o poeta dispunha de um mito amplamente divulgado, do qual constava, sem dúvida, a morte de Penteu; e que essa morte fosse tão cruel quanto se mostra nas *Bacantes* e, o que se torna mais do que simplesmente provável, quando nos ocorrem certos traços de outros mitos dionisíacos (Licurgo, Miníades, Prétides, Icário, Orfeu e outros). Não faltava também, em toda a tradição mitológica e lendária, o motivo da *resistência*, como causa de um desenlace fatal. No texto da tragédia sobejam indícios, alguns já registrados e outros que assinalaremos até o final do comentário, de que Eurípides pôs o maior empenho em justificar, pelo caráter do jovem rei de Tebas, o tal motivo que o mito, por sua própria índole, se dispensava de esclarecer. Dioniso, em sua forma humana, só desencadeará um processo que de qualquer modo se desencadearia, dado o temperamento e o pendor natural que se revelam em tudo quanto é palavra e ação de Penteu.

A narrativa do mensageiro transfere o *milagre* dionisíaco da cidade para a natureza. Agora o milagre é o de uma transfiguração: ninguém mais a identificará como aquela em que idílios, bucólicas ou quaisquer irrupções "românticas" na poesia de todos os tempos se comprazem, descrevendo a natureza em termos de simpatia e afinida-

COMENTÁRIO

des sentimentais e emocionais com os seres humanos. Os primeiros versos (667-688) ainda poderiam induzir-nos na falsa impressão de que "tocadas pelo aguilhão da insânia", as mulheres de Tebas só haviam trocado a cidade pelas suas cercanias *naturais*; mas logo no prosseguimento se verifica que o agir das Bacantes quebra toda a sintonia pressuposta ou instaurada por qualquer visão idílica. Na verdade, o que aconteceu é que Dioniso transfigurou a montanha em uma natureza que não conhece o homem e em que o homem não se reconhece. Outras palavras de comentário redundariam em superfetação inútil. Há que insistir e, sobretudo, que resistir à tentação de considerar o teor da narrativa com os olhos de uma crítica só atenta a valores que ela, evidentemente, quer ignorar. Sem dúvida, o ponto de vista a que o ergueu uma civilização conquistada em áspera e renhida luta contra a natureza, nem o leitor moderno nem o espectador antigo poderia deixar de aperceber-se que, no Citeron, as Bacantes transpuseram, regredindo, os ínfimos limites a que podem chegar as notas que compõem qualquer conceito de "humanidade" válido em mais de dois milênios de história. Os vs. 734-768 apresentam-no-las respondendo à deliberada provocação dos homens (714 e ss.) com a violência espontânea e ingênua das feras, num quadro que se relaciona com o anterior (689-713), pelo mesmo contraste que reside na própria essência de uma natureza indômita e indomável — essência que se desoculta, por milagre dionisíaco, no retorno cíclico da vida e da morte, ou, talvez, na sua complementariedade ou na sua dialética: há pouco, o leite e o mel; agora o sangue. Mas em rituais ainda celebrados na época da tragédia, o leite e o mel assinalavam o limiar de outra vida; e dificilmente se nos esmorece o assombro, ao vermos que entre 6.500 e 5.500 anos antes da Era Cristã, já os habitantes neolíticos de Çatal Hüyük (na Ásia Menor!) figuravam a mesma natureza em relevos e pinturas murais que nos movem a sensibilidade e a inteligência com a força bruta de uma ilimitada ânsia de expressão.

Releguemos para outras páginas (cf. *Dioniso em Creta*)[7] a oportunidade de extrair do material arqueológico, tão copioso como significativo, as conclusões mais óbvias. Por ora, cingindo-nos ao que importa em relevância dramática, devemos acrescentar que no "Relato do mensageiro", ao invés das aparências, bem raros seriam os temas de livre invenção poética, se não recusarmos o merecido crédito aos resultados de um notabilíssimo trabalho que E. R. Dodds sumariou em artigo publicado na *Harvard Theological Review* (v. 33, 1940) e incluiu, como apêndice no seu livro *The Greeks and the Irrational* (1951, pp. 270–88). Em primeiro lugar, e ainda fora do âmbito mais estreitamente circunscrito pelo estudo em questão, devemos observar que as *trietéridas* se realizaram na Grécia até épocas adiantadas. Dispomos de testemunhos literários abundantes para as mais famosas, no Parnasso, e singulares, para mais três localidades: Alea (Pausânias), Mitilene (Eliano) e Creta (Firmicus Maternus); a epigrafia concorre com mais seis: Tebas, Opo, Melo, Pérgamo, Pirene e Rodes. É claro, e importa não esquecê-lo, que em todos esses casos se trata de festivais regulamentados por normas sufragadas e sancionadas pela *pólis* e inspiradas pelo corpo de exegetas do santuário de Delfos; mas não se demita irrefletidamente a hipótese de que a Eurípides, enquanto viveu na Macedônia, tenha chegado o conhecimento de celebrações mais espontâneas e, por conseguinte, mais aproximadas da imagem que desenhou

---

[7] *Dioniso em Creta e outros ensaios*. São Paulo: Duas Cidades, 1973.

COMENTÁRIO

a traços de tão rude e estranha beleza. Depois de Nietzsche (*Ursprung der Tragödie*) e Rohde (*Psyche*), lembra o filólogo inglês as epidemias de dança extática que se propagaram na Europa, do século XIII ao século XVII, de Liège até o sul da Itália. Mais surpreendentes, todavia, são os paralelos etnográficos que acentuam com maior força de atualidade as características do menadismo que se nos apresentam nesta passagem das *Bacantes*: o uso dos mesmos instrumentos musicais (sopro e percussão), as atitudes das dançarinas (aliás tão bem conhecidas pelos "instantâneos" da pintura cerâmica), a insensibilidade ao fogo, a invulnerabilidade aos golpes, os objetos que não caem durante os agitados movimentos da dança, embora nada os firme a qualquer parte do corpo, o descuidado lidar com serpentes e, por fim, o despedaçamento de um animal em vida (*sparagmós*) e a manducação das suas carnes palpitantes (*omophagía*) — tudo isso se encontrava ontem (se ainda não se encontra hoje) em lugares que, praticamente, se acham dispersos pelo mundo inteiro. Vale a pena citar na íntegra as últimas linhas do ensaio:

> Em resumo, tentei mostrar que a descrição do menadismo, em Eurípides, não se explica em termos de pura imaginação; que o testemunho epigráfico (incompleto como é) revela uma relação com o culto realmente celebrado, mais estreita do que pensavam os *scholars* da época vitoriana; e que a mênade, por míticos que sejam alguns de seus atos, não é, essencialmente, uma personagem mitológica, mas um tipo humano observado e ainda observável; e que Penteu se defrontou com o mesmo problema que outras autoridades civis tiveram de enfrentar na vida real.

A segunda parte do terceiro episódio termina com a visão de um Penteu que pretende enebriar-se ou sugestionar-se de ilimitado poder, clamando em voz alta por todas as armas ao alcance do seu real arbítrio. Irremovível característica do tirano, o crer que a força seja uma panaceia: encontra-mo-la por diversas vezes, desde o diálogo com Tirésias, que já o prevenia contra uma cruel decepção. Mas como a ameaça não se concretizará no desencadeamento da luta que Dioniso previra, como mera eventualidade, no final do prólogo, o seu valor dramático só se mede pela veemência com que o adversário do deus repele a última oportunidade de uma *conversão*. Era de prever, bem o sabemos. O mito tradicional exigia a morte de Penteu e à tragédia competia prepará-la de modo a que, por fim, não parecesse inteiramente destituída daquela verossimilhança interna, à qual, segundo Aristóteles, devia aspirar a perfeita composição de todos os espécimes deste gênero poético. Se o "Relato do mensageiro" não teve por efeito perceptível em cena senão transferir a fúria homicida de Penteu de Dioniso para as suas Bacantes, podemos estar certos de que o auditório sentira, na excessiva obstinação do tirano, o mais inequívoco prenúncio de um desenlace funesto. E tal é o que já vem assomando, no fim do episódio, com todos os sinais da *desumanidade* inerente à mesma natureza que se revelou na montanha transfigurada.

"Tentação de Penteu" é título bem adequado ao conteúdo desta terceira e última parte do episódio, mormente a partir do verso 810, que, constituído só por uma interjeição, devia solicitar os mais amplos recursos da arte de representar. Com efeito, depreende-se da sequência que o ator incumbido do papel de Dioniso teria de modulá-la de forma que exprimisse a súbita descoberta de um estratagema decisivo; e mesmo admitindo que o gesto coadjuvasse (Winnington-Ingram, p. 102) ainda lhe sobrava o encargo de acentuar o giro imprevisto de toda a situação dramática. Ocorre a Dioniso "sob forma humana", que o mais humano dos desacertos lhe concede

COMENTÁRIO

irresistíveis poderes sobre o destino de Penteu: no momento crucial, a pergunta do deus (811) e a resposta do tirano (812) substituem por inabalável certeza o que, até então, ainda poderia dar-se por mal fundada suspeita — Penteu já vive as intermitências de um delírio que não pede exagerado impulso para que se converta em insanável loucura.[8] Já por diversas vezes lhe surpreendêramos a porfiada confusão do furor báquico com o furor erótico. Na primeira oportunidade, Tirésias procurou dissuadi-lo, com a argumentação do "sábio" (314–318); e ainda há pouco o mensageiro lhe denunciou o erro, com a ingenuidade de homem simples: "Todas dormiam... castamente reclinadas todas, ébrias não, como dizias... nem no encalço da Cípria andavam, pelos recônditos da floresta" (683–688). Agora a situação mudou. Dioniso, conhecendo o partido que poderá tirar da *mania*, vai proceder no sentido inverso, mais fundo lha incutindo no ânimo, até o ponto em que, despotencializados os últimos sobressaltos do orgulho masculino, Penteu consente em envergar o disfarce de mulher e investir as insígnias de bacante (810–847). As últimas palavras de Dioniso (848–861) não deixam dúvidas quanto à sorte do desvairado rei, que ousara medir com forças humanas uma natureza incomensurável. Esta natureza com que as forças humanas não podem medir-se, era a do "Relato do mensageiro"; mas será também a natureza decantada pelo fecho lírico deste episódio.

vs. 862–911 O estásimo deste episódio reproduz o esquema fundamenta dos coros cíclicos, — estrofe, antístrofe e epodo —, só com o acréscimo de uma espécie

---

[8] Dodds, p. 166, sobre o verso 812: "é a resposta de um maníaco: a pergunta tocou uma oculta mola no espírito de Penteu, e o seu autodomínio desvanece-se".

de refrão (ephymnion) às duas primeiras estâncias. Mas quanto à métrica, ressalta como distintivo, em relação aos dois estásimos precedentes, a ausência do jônico *a minore*, embora o epodo, por reincidência no tema da "beatitude", de algum modo mantenha o canto ainda apegado ao gênero do hino litúrgico. É evidente a coesão dramática do todo: mais uma vez a ode responde com a maior naturalidade sentimental e emocional ao ato representado em cena. Se o estásimo do segundo episódio fora um canto de "tribulação", o terceiro só podia ser uma canto de "libertação". O prometido aniquilamento do Perseguidor significa a iminência da liberdade, que a estrofe (862–876) celebra num jorro de imagens de paz e quietude, gozadas na solidão de uma natureza inviolável. A antístrofe, com o refrão que, repetido, a emoldura, lembra a do primeiro estásimo (386— 401), e por mais de um aspecto. Temos em primeiro lugar, o conteúdo gnômico com o seu propósito "generalizante", e, em segundo lugar, mais uma referência à *sabedoria*, dando agora o mais rigoroso sentido daquele razoar "para além da órbita do que é mortal", — uma sacrílega ofensa às *leis*: "Nem pensamento nem obras o *estabelecido* ultrapassarão jamais" (880–892). Eis-nos, por conseguinte, diante da mesma ambiguidade, real ou aparente, que já se nos deparava no primeiro estásimo. Agora, neste, parece que as Mênades tentam superar a oposição *nomos-physis*, que se constituíra em traço dominante da época sofística. A "natureza" delas concilia-se com a "tradição" dos gregos, se uma sabedoria só feita de "agilidade de espírito" não intervém com a imposição de arbitrários limites — que podem ser até os de uma definição alegórica — à força que "possui esse qualquer que seja o divino" (894)!

COMENTÁRIO

O refrão, da primeira vez, ressoa em forte e surpreendente contraste com a estrofe que o procede; e, da segunda, com o epodo que lhe sucede. A estrofe fala da corça na verde alegria dos prados, e a salvo de perseguições "na sombra espessa dos bosques"; o epodo, dos homens que chegaram ao porto, passadas as tormentas do mar — e o refrão pergunta, quase na estridência de um grito selvagem, se a vingança não é a mais generosa mercê dos deuses. Sem dúvida, o contraste é violento; não mais, todavia, que o dos aspectos contraditórios da natureza dionisíaca, tal como a revelara a ação das Bacantes, e, se bem refletirmos, não há por que não prestar ouvidos às palavras com que o próprio Dioniso se denuncia, no final do episódio, como sendo "o mais benigno" e "o mais terrível" dos deuses. Seria ocioso acrescentar, a título de esclarecimento, que vingança é uma ação que só pode ter sentido humano, não fora o momento de apontar um paradoxo real, disfarçado na aparência do óbvio: se o trágico de Penteu se representa nas *Bacantes* como determinado pela paixão vingativa de Dioniso, é só por que e porquanto o deus quis assumir a "forma humana".

vs. 912-976 O breve episódio (912-976) está carregado de pungente dramaticidade, por inegável que seja o humor de certas passagens. Sinistro humor, todavia, se nos detivermos a meditar, por exemplo, na ambiguidade do verso 834: "Pronto! Enfeita-me tu, em tuas mãos estou" — pois, no original, "*anakeímesthai soí*" tanto pode significar "estou nas tuas mãos", como "estou consagrado a ti", ou, com os olhos postos na sequência do mito, "sou a vítima destinada ao sacrifício" que hão de celebrar para gáudio teu. Na duplicidade do sentido de muitas réplicas, há sempre um de mau presságio. Assim, nas últimas, em que os equívocos ressaltam com maior evidência. Mas nisto também se revela outro propósito do autor da peça, que dificilmente transparece na tradução. Em "delicioso trato" (968) e "de pompas me enches" (970), ficaram ocultos vocábulos do texto original (*abrótes* e *tryphân*) com que os gregos estigmatizavam o luxo efeminado do oriente. Repare-se, no entanto, que ao aceitar o trato que Dioniso promete, como se naturalmente lhe fosse devido, e no momento em que nele se encontram afrouxados todos os vínculos inibitórios, Penteu demonstra que a sua arrogada *sabedoria* não passava de grosseiro disfarce de um incoercível anseio de glória e poderio, e "tão nu e desafrontado como o outro, o desejo físico, irmão-traidor em sua própria alma" (Winnington-Ingram, p. 120). Também este último já prorrompera (957) como, aliás, acontece em toda e cada uma das cenas, quando, a propósito ou a despropósito, a imaginação de Penteu é solicitada a representar-se o comportamento das mulheres que Dioniso impeliu para as montanhas. E ainda ressoará — significativa peculiaridade do drama! — nas últimas palavras que o decepcionado rei pronuncia antes da furiosa arremetida das Bacantes:

Estrangeiro, do lugar em que estamos não enxergo as Mênades, nem seus afrontosos trabalhos! Mas grimpando no abeto altaneiro, sobre esta penha aprumado, decerto hei de ver as vergonhas que fazem! (1059-1062)

E agora, revertendo ao princípio deste quarto episódio, relevemos, como merece, a epifania tauromórfica de Dioniso. Os versos 918-919 podiam ser interpretados no sentido da infamada ilusão dos ébrios; mas não é fácil situar na mesma linha o significado dos dois seguintes, ainda que tal fosse a pretensão da crítica racionalista do início do século, insensível à mais clara das evidências: se o texto não dá a entender que duplo do sol ou de Tebas

COMENTÁRIO

é astro ou cidade diferentes do sol cotidiano e da cidade habitual, o mesmo tinha de valer quanto ao duplo de Dioniso. O caso, porém, é diverso. Admitindo, de acordo com Dodds (p. 182), que Penteu vê, ao lado do Estrangeiro na mesma figura de sempre, o deus em forma de touro, ainda assim, excessivo e ingrato é o esforço exigido para que se mantenha a palavra "duplo", como a mais própria designação do fenômeno. Na verdade, a hipótese é supérflua, e a sua inutilidade não se desmente por referência retrospectiva ao verso 502 (II episódio) e por alusão prospectiva ao verso 1159 (estásimo do V episódio). No primeiro, respondendo à pergunta de Penteu, que quer saber onde está o deus, Dioniso replica que está ali, precisamente onde ele (o "mago da Lídia") se encontra; no segundo, o coro das Mênades observa que o rei de Tebas "lá vai, seguindo o touro, a caminho da perdição". Ao que nos parece, nem um nem outro requer mais do que o imediato sentido dos versos 920-924: assistido pelo deus, "antes adverso", Penteu tem a súbita e fugaz visão da metamorfose que lhe passara despercebida na tumultuosa cena do "Milagre no palácio". De resto, tal é a mesma conclusão de Dodds, em aparente contradita com a sua hipótese da "duplicidade":

> a visão de Penteu não é fantasia de um ébrio, mas a sinistra epifania do deus em sua encarnação bestial, comparável com as visões dos satanistas medievais, que viam seu senhor com os chifres de um bode.

Enfim, deixemos assinalada uma incoerência tão notável, que nem por sombra de suspeita haverá quem possa atribuí-la a alguma distração do poeta. Desde os últimos versos do terceiro episódio, toda a ação se representa pelo bem sucedido empenho que Dioniso pôs no *travesti* de Penteu e ninguém ousará negar que foi este o que propiciou a intensa dramaticidade da situação agora em cena. Todas as articulações do diálogo em torno do disfarce servem o intuito de revelar quão alienada anda a mente do tirano; e talvez não se peque por pretensão de excessiva argúcia apontando o contraste internacional entre o primeiro e o último encontro dos antagonistas, no alto da Cadmeia. Asseverando que o quarto episódio inverte a situação do segundo, na medida em que, naquele, era Penteu quem apreciava com irônico desdém o traje e a figura de Dioniso, e neste, é Dioniso o não menos irônico e desdenhoso apreciador da triste farsa desempenhada pelo rei, malgrado seu. No entanto, a incoerência permanece, e bem ao alcance de quem queira vê-la. Pois, a que propósito vem o disfarce em figura de mulher e com as insígnias de bacante, quando repetidamente se manifesta que a intenção de Penteu, coadjuvada por Dioniso, se resume em espiar as "orgias", *de algum recanto afastado e oculto*? Que semelhante espionagem prescindia do *travesti* — eis o que claramente ficou provado pelo "Relato do mensageiro"! Resta, portanto, como hipótese explicativa, supor que o fato, sendo notório traço do mito de Penteu, de algum modo teria de ser acolhido na tragédia, o que Eurípides na realidade faz, mas extraindo dele os mais imprevisíveis efeitos dramáticos.

vs. 977-1023 Do ponto de vista formal, o estásimo (977-1023) repete a estrutura do que precedeu (862-911) até no acréscimo de um refrão à estrofe e à antístrofe; o epodo é mais breve que todos os demais. Quanto à métrica, digno de nota é, apenas, que o predomínio de glicônicos, no terceiro estásimo, cedeu lugar ao de docmíacos, ritmo que nos corais do drama grego sempre exprime um acúmen da exaltação emocional. Com efeito, ao canto de tribulação, do segundo, e ao canto de libera-

COMENTÁRIO

ção, do terceiro, segue-se agora, no quarto estásimo, um canto de pura revindita. Não carece de especial menção a evidente solidez do elo que liga a ode coral às últimas palavras que Dioniso proferiu em cena. A título de advertência preliminar, cumpre-nos repetir, em uníssono com todos os editores e comentadores do texto, que, embora nem a mais tênue sombra de dúvida incida sobre o sentido geral da antístrofe, nesta passagem os manuscritos apresentam corruptelas que só felizes ou engenhosas conjecturas podem sanar. A tradução absorveu e assimilou os resultados da disputa filológica, que nos pareceram mais aceitáveis. Quem por gosto natural ou dever de ofício, queira inteirar-se dos pormenores, achá-los-á nas exaustivas anotações de Dodds (p. 190 e ss.).

Um canto de revindita: é o que irrompe logo no início da estrofe com o apelo das Mênades às *Lyssai kynes*, filhas da Noite, como as Erínias e, como estas divindades antiquíssimas (cf. *Teogonia* de Hesíodo e *Eumênides* de Ésquilo) que o primeiro grande trágico de Atenas soltara em cena, diante dos olhos aterrorizados do público, também possessas da grande raiva vingadora. O coro antecipa, por direta alusão ao episódio que vai seguir ("Sua mãe, primeira será a vê-lo...") o primeiro sinal do aniquilamento de Penteu e quando, no êxodo, o poeta nos arremessar a imagem pungente de uma Ágave expandindo sobre a cabeça exangue do filho a alegria orgulhosa de ter abatido um leão, com suas mãos inermes, havemos de lembrar as últimas palavras da estrofe: "Alguma leoa o gerou, ou é das Górgonas líbicas progênie".

Como todas as outras, a antístrofe generaliza. Penteu é só um, de entre todos a quem "inexorável a Morte assalta, que aos ímpios intentos o freio impõe". Mas, a mais importante e sugestiva lição resultará de cotejar a imediata referência à *sabedoria* com as das antístrofes dos estásimos precedentes. Dentro da "órbita do que é mortal" (estásimo do I episódio) reside o que "por longo tempo se teve por lei ditado e em natureza assente" (estásimo do III episódio); e agora, contra a "humana ciência", a verdadeira sabedoria descobre, encerradas na mesma órbita, "quantas coisas evidentes e grandes existem". Só fica em aberto a questão de saber qual a natureza (*physis*) em que assenta uma lei (*nomos*), e uma justiça (*dike*) a tal ponto acolhedoras e mantenedoras de uma paixão designada, em linguagem humana, pelo nome de *vingança* — pois, sem a menor dúvida, "vingança", neste lugar, é uma daquelas "coisas evidentes e grandes". Por ora, só nos parece lícito e oportuno afirmar que tal "natureza", seja ela qual for, nada tem a ver com a que se opõe a costumes, leis e tradições, consideradas como obstáculo a um individualismo de exceção, propugnado pela sofística (cf., por exemplo, a intervenção de Cálicles, no *Górgias* de Platão), na segunda metade do século V. A "natureza dionisíaca", das *Bacantes*, ou ainda não conhece a antítese ou nega-se a reconhecê-la.

Vingança é ainda o tema do refrão; obra de uma justiça figurada na imagem que já se tornou vulgar. Renunciamos a reproduzir, na tradução, o efeito do alinhamento consecutivo de três adjetivos (*átheon*, *ánomon* e *ádikon*) que estigmatizam o tirano como adverso aos deuses, às leis e à justiça; no entanto, as Mênades *asiáticas*, naquele seu modo surpreendente de falar grego (e pensar *grego*, cf. comentário ao estásimo do I episódio), aplicam-nos, com manifesto propósito do poeta, com um sentido reforçado pela posição final, a um "nascido da Terra" (*Gegenê*).

O epodo transfere a invocação da Justiça impessoal para o deus ofendido, e, como a ação o reclama, nas formas mais significativas de uma irresistível ferocidade. E, de súbito, surge o imprevisível contraste com um "Baco de face ridente"! Dodds (p. 194) cita Winnington-Ingram (p. 127), com acento de subentendida aprovação: "Agora, por fim, tornou-se claro o sentido daquele sorriso com que a "mansa fera" se rende a seus captores (v. 439, no início do II episódio)". Mas só poderíamos consentir na absoluta veracidade da interpretação sugerida, caso se desse como indiscutivelmente demonstrada a hipótese de Eurípides nos ter querido apresentar um Dioniso que, desde a sua primeira aparição em cena, já decidira a perdição de Penteu. Ora, como vimos, até o verso 810, não se encontra palavra insinuando sequer a pressuposta decisão, e no verso 802 ainda o deus parece crer que tudo se possa remediar... "Face ridente" é a da máscara com que a divindade desce ao teatro humano, com bem fundada certeza da ineficácia de qualquer ato de violência que os homens decidam empreender contra ele.

vs. 1024–1152 O quinto episódio abre com um curto diálogo lírico-epirremático (v. início do comentário ao III episódio) entre o coro das Mênades e o segundo mensageiro (1024–1042), cujas palavras primeiras, acerca da desgraça que desabou sobre a casa de Cadmo e a sua própria condição de servo, e o assomo de revolta ao aperceber-se do júbilo do coro, são lugares comuns da dramaturgia clássica. A réplica, nos v. 1034–1035, é que poderia implicar um sentido aberrante, em relação a todos os corais precedentes, se não verificássemos que, na sequência (1168–1201), as Mênades Asiáticas continuam a expressar seus sentimentos em cantos que nada tem de bárbaros.

Coteje-se o relato do segundo mensageiro com o do primeiro, e ambos com o párodo, e tanto basta para que se confirme o progresso de uma revelação: a de Dioniso, em sua forma divina. Bem se compreende a estranheza que semelhante asserto provocará no leitor que viu o Forasteiro armando com requintes de crueldade a monstruosa cilada para o infeliz rei de Tebas (1063-1083) e, depois, o quadro lancinante em que o dilaceram as mãos sem tino da própria mãe e de todo o seu bando funesto (1114-1147). Os pormenores da ação já foram devassados por uma crítica que se empenhou em demonstrar que Eurípides, afinal, procedeu para com Dioniso da mesma forma como sempre procedera em relação a outras divindades da Grécia, isto é, no intento de ostentar os aspectos abomináveis e execráveis da religião tradicional. Resignemo-nos, aqui, a revelar a traiçoeira emboscada aonde incautamente vêm cair todos os que se propõem estabelecer a mais verídica relação ente o poeta e esta sua obra; que nos satisfaça, por enquanto, reconhecer como é difícil erradicar o dogma racionalista, já que filólogos, na aparência os menos preconcebidos, sempre regressam por via sinuosa a alguma das teses do início do século, por muito que se esforcem em esconder a fórmula rude sob a exuberância de notas argutas e pertinentes.

Todavia, a despeito e ao invés do sufrágio quase unânime, não desistimos nós de alvitrar que os contornos humanos, demasiado humanos, talvez, do Dioniso que se prestou a desempenhar seu papel na tragédia, se diluem numa *natureza* caracterizada justamente por não consentir que a *humanidade* lhe imponha limites. Ora, de uma natureza tão ilimitada do lado do humano que pretende definir-se por inconciliável antítese, bem poderia consistir o corpo vivo de uma divindade realmente divina — não a da farsa olímpica, representada por seres determinados, por excedência, como *homens imortais*. Irrisórias, pois, tantas e tantas páginas de uma história do paganismo clássico, reivindicando os poderes de argumentação racional, em que vemos ou a maioria dos deuses da Grécia designados como personificações de forças naturais não se esclarecendo previamente a que natureza se refere a *naturidade* das mesmas forças! Eurípides não era filósofo, pelo menos, não o era no sentido tradicional e corrente da palavra, apesar de W. Nestle (*Die Bakchen des Eurípides*, 1899; *Eurípides der Dichter der Aufklärung*, 1901) que dispendeu tão louváveis como ingratos esforços para demonstrar que a obra dele o habilitava ao título. Mas, como poeta, ultrapassa qualquer historiador que demita a reflexão por importuna, ou como perturbadora das águas límpidas e tranquilas, em que, por filosofia inconsciente, crê ver espelhada a imagem do fato real e indiscutível. Talvez por que só poeta, ou enquanto poeta somente, Eurípides tivesse compreendido que uma divindade encarnada em natureza, transmuta a natureza em divindade. Tentemos entendê-lo também, mas com este indispensável acréscimo: se a encarnação de uma e a transmutação de outra se podem distinguir a modo de discorrer, nada as separa como modos de ser. Por isso, referindo-se ao que Dioniso é, como divindade, bastou-lhe invocar uma natureza. Que natureza? Em Winnington-Ingram, que não evitou o fatal deslize pelo plano inclinado do racionalismo, chegando ao ponto de ler, em cada verso do drama, uma linha de violento libelo contra o deus mais representativo de quanto se dá por "força natural", *bestiality* parece constituir-se em palavra-chave, como pretensão de abrir todas as portas à inteligência do que sejam Dioniso e a "sua" natureza. É evidente: o preconceito anulou a questão, que consistiria, toda ela, em demonstrar que o termo infamante pode manter-se para designar aspectos sombrios ou tenebrosos de uma natureza dentro da qual o homem, ao passo que a si mesmo se ia fazendo, por oposição ou rebelião, no mesmo passo criava a outra, a única natureza que conhecemos e reconhecemos — precisamente aquela e só aquela em que o comportamento das Bacantes e do Dioniso em forma humana toma visos de "bestialidade".

Dizendo, pois, que a Eurípides, intentando representar-se e apresentar-nos a essência divina de Dioniso, bastou-lhe invocar "uma" natureza, não se entenda, por isso, que as três referidas passagens das *Bacantes* brotaram de um sentimento "da" natureza. Ninguém poderá lançar em conta de transposição poética de um *Naturgefühl*, paisagens que esvaeceriam em sombras inconsistentes, apagados que lhes fossem os bem vincados traços do mito e as vivas reminiscências do rito. Na imaginação do auditor de ontem e do leitor de hoje, o Tmolo e o Citeron erguem-se, não como certas montanhas históricas e geograficamente determinadas, mas a modo de um cenário descrito pelo drama ritual, celebrado pelas fervorosas ou delirantes seguidoras de Dioniso. Natureza? Sim. Mas, natureza de um mito, que é um mito da natureza.

vs. 1153-1164 O estásimo do quarto episódio ainda se apresentava em sua completa estrutura cíclica: segundo as convenções da arte cênica, devia prestar-se à ilusão de preencher o tempo necessário para que chegasse a término a ação contemporânea, relatada no episódio seguinte (1024-1152). Agora, o drama, aproximando-se do clímax, uma única estrofe, sem responso, é medida que não se excede sem risco de frustrar a ansiosa espectativa do auditório. O breve estásimo ensaia apenas os primeiros compassos de um canto triunfal — e dizemos "ensaia", pois do verso 1161 em diante sentimos que a vitória deixa nas Mênades Asiáticas um ressaibo amargo. A impressão

COMENTÁRIO

permanecerá e revigorará na sequência do diálogo com a tresloucada mãe de Penteu.

vs. 1165-1392 Quase tão extenso como o terceiro episódio (285 vs.), o êxodo (224 v.) pode repartir-se em cinco seções para maior comodidade do intérprete e do leitor.

1. A primeira (1165-1215) é quase toda constituída pelo terceiro e último dos diálogos lírico-epirremáticos (cf. comentário ao III episódio) que figuram no texto das *Bacantes*, mas este distingue-se pela interessante peculiaridade de assumir a forma estrófica (estrofe 1168-1183, antístrofe 1184-1189). Cena que em horror se iguale a esta, não será fácil encontrar nas tragédias conhecidas, e, muito menos, que a exceda. O segundo hemistíquio do verso 1168, posto nas vozes do coro, "sugere que a despeito do seu canto triunfal", as Mênades "não acolhem com alegria o espetáculo da cabeça de Penteu" (Dodds, p. 209); mas, com isto, ainda não atingimos o clímax a que efetivamente chegamos no início da antístrofe (1184 e ss.), com uma ambiguidade em que não é difícil descobrir uma alusão à *omophagía*. Mandava o rito que, despedaçado o animal (*sparagmós*), lhe devorassem os pedaços sangrentos: é o que as palavras de Ágave insinuam no verso 1184, convidando o coro a participar no "festim", e com uma insistência que se expressa no modo como a sua fantasia delirante transmuta o leão de há pouco num "terno vitelinho" (1185). Autores mais tardios, como Opiano (*Kynegetiká* IV 304 e ss.) ou extraíram desta passagem de Eurípides o pressuposto quase evidente, ou hauriram de outras fontes, porventura mais remotas que o texto das *Bacantes*: Penteu fora transformado em touro

e as Mênades em panteras. Aliás, o traço horrendo reencontra-se em outros mitos de resistência, pois as Miníades também espedaçam e devoram o filho de uma delas, e a propósito de Ino, irmã de Ágave, corria a lenda de que assassinara o filho, Melicertes, lançando-o (em pedaços?) numa caldeira de água fervente.

2. A segunda seção do êxodo (1216-1300) é a cena do "reconhecimento" (*anagnórisis*) que, segundo Aristóteles, seria elemento qualitativo, necessário e imprescindível para infundir na audiência os sentimentos e as emoções do "terror" e da "piedade". Como em várias outras tragédias conhecidas, tarefa ingrata empreenderia o intérprete que se propusesse demonstrar a concordância da teoria com a prática, à luz deste exemplo. Ainda se poderia afirmar que, na passagem em questão, o reconhecimento vem unido a uma "peripécia", verificando-se que em Ágave o despertar da consciência normal assinala um trânsito da felicidade para a infelicidade; mas, como sustentar que só a partir desse momento nos sentimos tocados pelas emoções fundamentais da tragédia? Notabilíssimo, atentamente notada e frequentemente anotada, a "psiquiatria" que Cadmo exerce sobre a filha: como a faz voltar a si, reinstalando-a no mundo "objetivo" de toda a gente por meio de um interrogatório adequado. Mais surpreendente é que, antes de recobrar a razão, Ágave fale (1251 e ss.) como Cadmo, que nunca a perdera: que sabe meu filho "senão lutar contra os deuses"?

COMENTÁRIO

3. A terceira (1301-1329), toda ela uma lamentação fúnebre sobre o cadáver dilacerado de Penteu, está afetada, no final, por uma lacuna (talvez mais de cinquenta versos) que também compromete o início da quarta seção. De extrema importância e considerável valor para a interpretação de todo o drama é uma nota sobre o caráter do infeliz tirano, que se acha entretecida nos lamentos do avô (1308-1326) com palavras de ternura, bem acentuadas de profunda nostalgia. Aquele "tu, diante de quem a cidade tremia" (1310) — literalmente: "terror da cidade" (*pólei... tárbos*) —, resume e realça tudo o que antes direta ou indiretamente fora dito de Penteu: o raivoso ímpeto com que ordena a sacrílega devastação do lugar em que Tirésias profetiza, a desatinada ordem para que lhe trouxessem agrilhoados Dioniso e as Bacantes, o insensato plano de arremeter contra elas com toda a cidade em pé de guerra e, sobretudo, a imagem do autocrata que se reflete na alma de seus súditos, como, por mais claro exemplo, nestas palavras do mensageiro: "Dize-me, porém, se livremente poderei falar ou a língua hei de conter, pois temo, senhor, teus levantes de cólera e os excessos prontos de teu humor real" (668 e ss.). Winnington-Ingram (p. 144) tem razão para falar numa "irônica justiça, no destino de Penteu", pois não há dúvida que o mediu, por fim, a mesma medida com que medira outras. Se tinha restringido a sua justiça à imposição de severos castigos sobre quem ultrajava o seu orgulho, que outra justiça teria o direito de reclamar para si?

4. Os versos iniciais deste banalíssimo *deus ex machina* ficaram perdidos na lacuna que atingiu o fi-

nal da terceira seção (v. supra); e o que resta (1320-1343) talvez não valha os esforços dispendidos na intenção de lhes esclarecer o sentido. Não cremos que para melhor compreensão do drama, seja de ponderar o amontoado de hipóteses suscitadas por essa algaravia "mitológica", enunciada do alto do *theologeion*, por um Dioniso que da divindade só ostentava a máscara e investia as roupas convencionais. Como valor expressivo apreciável, só fica, portanto, a certeza de que não cessou o castigo, com o reconhecimento do crime: Cadmo e suas filhas cumprirão no exílio o destino por Zeus há muito previsto (1349). Quererá isto dizer que Dioniso, atormentado pelo remorso, transfere para seu pai a responsabilidade de uma vingança excessiva? É tudo quanto há de menos verossímil. A fatalidade decorre do arbítrio do supremo olímpico e, provavelmente, Zeus não decidiu senão o que já se encontrava na linha traçada pela tradição mitológica e legendária. "Previsão do destino" equivale, aqui, ao "mito divulgado". O verso precedente (1348): "Não convém aos deuses terem paixões de mortais", merece mais atenta consideração. Muitos críticos leram nestas palavras a expressão do próprio pensamento orientador de toda a composição do drama: a vingança é uma paixão humana, e a tragédia, mostrando-a agravada pelo excesso, retrai Dioniso ao baixo nível de uma sub-humanidade. Permitirá o contexto que semelhante interpretação se apresente como certeira e inevitável? Poderia justifica-se a hipótese de que todo o êxodo "se destina a produzir um desvio da simpatia para com o deus que tão terrivelmente se vingou de suas víti-

COMENTÁRIO

mas humanas" (Dodds, p. 208), mas, sem dúvida, o arrependimento de Penteu (1117-1121), a ser considerado como sincero (e nada obsta a que o seja) "é funesto para a opinião que nele vê uma vítima inocente do fanatismo religioso" (Dodds, p. 204), Isto, quanto a Penteu. Antes e depois do verso 1348, também não faltam os que exprimem a não menos certa contrição dos seus próximos, Cadmo e Ágave: o deus justamente os punira. E o excesso? Eurípides jamais teria sido considerado como o grande "psicólogo" da dramaturgia clássica, se alguma de suas personagens, sob os tormentos de uma dor extrema, não exaltasse o protesto extremo: a blasfêmia.

5. A quinta e última seção é assinalada apenas pela mudança de ritmo: aos trímetros jâmbicos que em regra compõem diálogos e recitativos dos atores em cena, sucedem os 24 anapestos do êxodo, entendido, agora, no étimo sentido da palavra. Trocada só uma letra em um só vocábulo do texto original, restituem-se os versos 1377-1378 a Cadmo; a tradição manuscrita atribuem-nos a Dioniso, mas, sem ofensa ao sentido do conjunto, parece mais natural que o deus se tivesse retirado de cena, uma vez formulada aquela pergunta (1351) que, no espírito da teologia "olímpica", repele de antemão qualquer argumento contra a inexorabilidade do destino. E, por fim, digamos que talvez valesse a penas investigar a relação dos versos finais (1388 e ss.) com a peça, no seu todo, não verificássemos que exatamente os mesmo são os que fecham outros quatro dramas de Eurípides: *Alcestes*, *Andrômaca*, *Helena* e *Medeia* (nesta última, com substituição do

primeiro verso do grupo). Inverossímil não é, certamente, que, segundo a hipótese divulgada por Gottfried Hermann, há cerca de 150 anos, os últimos versos de um drama corriam o risco de não ser escutados pelo auditório que ia saindo do teatro...

Em seu livrinho, intitulado *Anthropology and the Classics*, cujo interesse indiscutível está na razão inversa do diminuto número de páginas[9] Clyde Kluckhohn dedica o terceiro e último capítulo a "Uma breve gramática da cultura grega". O mais notável, quanto a tão poucas páginas notabilíssimas, redigidas por quem não se dá por gramático nem por helenista, é que o neo-humanismo germânico, anglo-saxônico e neolatino, que preside aos destinos do ensino e do aprendizado dos "clássicos", ainda não se haja apercebido delas, pelo menos, no que se refere a uma particularidade das suas conclusões — designadamente, à reabilitação, pelo antropologia cultural, do binário "Apolíneo-Dionisíaco". Todos sabem — o que torna a referência pouco menos do que ociosa —, que esta oposição, divulgada por Nietzsche, na sua *Origem da tragédia*, sofreu as consequências de reais abusos; e tão funestos que, na bibliografia especializada dos últimos trinta ou quarenta anos, ou não a encontramos sequer mencionadas, ou, se algum especialista ousa citá-lo, fá-lo apenas no intuito de acusar, no uso da fórmula gasta, o lamentável desgaste do diletantismo literato. E é certo que, do ponto de vista da filologia clássica, não há documento escrito e monumento figurado da Grécia Antiga, demonstrando que existisse tanto "dionisismo" em Dioniso, nem

---

[9]Providence: Brown Univ. Press, 1961, 76 pp. A "breve gramática..." ocupa as pp. 43-68.

tanto "apolinismo" em Apolo, quanto Nietzsche o pretendia — talvez por que tal miraculosa *coincidentia oppositorum*, que teria gerado a tragédia, fosse a da Vontade e da Representação, de Schopenhauer, e por que na "sua" tragédia grega sobressaíssem demasiado traços mais característicos do drama musical wagneriano. Em todo o caso, e apesar de sobre o livro por demais influírem modernas correntes filosóficas e momentâneos sentimentos de amizade e admiração, menos certo não é que Nietzsche, por essa altura, ainda não desiludira os mestres filólogos de Bonn e que, embora por breves anos, exerceu a sua profissão de helenista, ao nível incomparável que a filologia alemã estava a ponto de alcançar por volta de 1870. Pois, se o "apolíneo" e o "dionisíaco", rigorosamente examinados, não correspondem ao que o autor da *Origem da tragédia* cria que fossem nem por isso deixam de mostrar-se correspondentes a outro ou a outros pares de forças opostas a que os mesmos detratores de Nietzsche dão nomes diversos ainda que se vejam na contingência de atribuir-lhes conotações semelhantes.

O caso, portanto, é que o "apolíneo-dionisíaco" tenta reentrar no domínio da ciência pela porta que lhe abre a antropologia cultural. Pelo menos não há dúvida que semelhante tentativa já fora ensaiada por Ruth Benedict (*Patterns of Culture*), e agora, em "Uma breve gramática da cultura grega", vamos assistir a como ele ressurge com inéditas virtualidades, mesmo (e sobretudo) no âmbito da disciplina de onde fora expurgado, provisto, evidentemente, que o saibamos encarar nos traços mais expressivos que lhe impuseram novos contextos.

Nos últimos anos de sua vida de magistério, Kluckhohn, com seus alunos, dedicou-se ao trabalho de determinar o que ele denominou de "perfis de culturas". Para considerar a questão do lado mais intuitivo, poderia dizer-se que o perfil de uma cultura resulta do traçado das linhas que unem, uns aos outros, alguns pontos que cintilam na obscuridade da informação, de modo a obter uma figura coerente e inteligível. É bastante claro, para não carecer de explicação particular, que o alcance e a eficácia do método dependem da meticulosa observação desses pontos, mediante os quais se desenhará o perfil.

Entre os culturalistas, não há quem ignore a existência de articulações significativas, que definem o caráter, a estrutura, se quisermos, do fenômeno cultura, isto é, *valores* entendidos como "orientações seletivas, através da experiência, implicando profundo compromisso ou repulsa, que influenciam a ordem de preferência entre possíveis alternativas de ação" (op. cit., p. 46). Decerto, nas poucas páginas de que dispunha, não podia o autor ceder à tentação de estabelecer os princípios de uma axiologia, e bastava-lhe distinguir os "seus" valores de certas noções vigentes em psicologia do comportamento, afirmando enfaticamente que todos nós, vezes sem conta, procedemos em completa contradição com desejos e impulsos que emergem do organismo biológico, e que, "sendo os valores imagens formulando compromissos de ação, positivos ou negativos, um conjunto de prescrições ou proscrições ordenadas hierarquicamente", sem eles, mas só sem eles, é que a vida humana se poderia tornar numa "sequência de reações a estímulos inconfigurados" (p. 47). Valores culturais "restringem ou canalizam impulsos, em termos daquilo que um grupo definiu como bens mais latos e duradouros" (ibid.).

Posta a questão axiológica nestes termos, restava a questão metodológica: como selecionar os valores carac-

COMENTÁRIO

terísticos ou pontos estruturais suscetíveis de definir distintivamente o perfil de uma cultura?

O método, em si, não é original, é-o apenas na aplicação e no modo como teve de ser alterado a fim de alcançar a finalidade proposta. Trata-se, em suma, daquele bem conhecido processo que a linguística estrutural há muito vem exercendo, no sentido de determinar sistemas fonêmicos, e que consiste em formar um conjunto de oposições ou contrastes, em geral, binários, para identificação de cada fonema. Para o francês, dando o próprio exemplo de Kluckhohn, tais oposições binárias são: vogal-consoante, nasal-oral, saturado-diluído, grave-agudo, tenso-flácido, contínuo-interrupto. O *jogo* decorre, simplesmente, dando uma resposta certa a perguntas tais como: "É o fonema, vocálico? Sim ou não?" As fonêmicas das várias línguas distinguem-se e individualizam-se, por conseguinte, mediante opções entre alternativas e pela peculiar combinação dessas alternativas.

Kluckhohn adota o método, posto que "a natureza humana e a situação humana são tais que existem algumas questões fundamentais de valor, sobre as quais todas as culturas tomaram uma posição, explícita ou implicitamente" (p. 48). Mas, considerando que o status ontológico destes pares (em culturologia) não é o de verdadeiras dicotomias, mas sim, o de dimensões bipolares, acha que não pode resolver-se o problema por meio de respostas que implicam uma decisão do tipo "tudo ou nada". Neste caso o que há para decidir é se o peso cai mais para um lado do que para outro, pois oposições de ordem cultural não são de tal maneira constituídas que um dos membros exclua empiricamente a presença do outro.

Para desenhar o perfil cultural da Grécia, e recorrendo especialmente à literatura filosófica e antropológica, os binários selecionados foram os seguintes: determinação-indeterminação, unidade-pluralidade, humano-sobrenatural, bem-mal, (o) próprio-(os) outros, livre-limitado, disciplina-realização; e o resultado da pesquisa foi o "perfil", que se expressa nestes termos:

O grego é tal que mantém como postulado existenciais que o universo é determinado e unitário, com o mal mais proeminente do que o bem; crê que o indivíduo é a medida da liberdade e é moralmente responsável; valora-se a si mesmo contra os outros, e o humano contra o sobrenatural; o indivíduo, em oposição ao grupo; e o presente, oposto quer ao passado, quer ao futuro. *Mas valoriza em diversos contextos tanto a disciplina quanto a realização.*

Imediatamente, se oferece a oportunidade de registrar duas observações importantes. A primeira é que a proposição final aponta para a existência de um traço indefinível, sem o equívoco manifesto ("tanto... quanto"), no perfil da cultura grega; ou então, dir-se-á que a indefinibilidade de um traço pertence, de algum modo, à própria definição do mesmo perfil. E a segunda é que "disciplina-realização" não traduz satisfatoriamente "*discipline-fulfillment*", se é certo, como assevera o autor, que "disciplina" corresponde ao grego *sophrosyne*. Esta correspondência é admissível; mas, nesse caso, o oposto não seria a "realização", mas sim o "excesso", palavra cujo sentido mais se entranha na área semântica de *hybris*. Adiante nos pronunciaremos com mais pormenor e, se possível, com maior clareza, acerca do que se supõe implicado nestas duas observações.

Até a última proposição, nada há que objetar: o "perfil cultural da Grécia" coincide com o de todas as figuras do mundo clássico que andam ao sabor da corrente tradicio-

COMENTÁRIO

nal, do Humanismo ao Iluminismo. Todavia, a partir do Romantismo, não faltam vozes que, por antecipação, concordariam com o nosso antropólogo, declarando que o provérbio "nada de excessivo" (*medèn ágan*) corria entre os gregos, não por que o excesso não exercesse atração sobre eles, mas, ao contrário, se pregavam a disciplina, era só por que haviam testemunhado e experimentado os perigos que se lhes defrontavam, abandonando-se, sem reserva, a uma inclinação inata para alcançar a plenitude a qualquer preço. Na mesma página em que, mais ou menos, assim se expressa, Kluckhohn cita Blake, admiravelmente a propósito: "as veredas do excesso levam aos palácios da sabedoria" (p. 63) e, na página seguinte, Whitman: "...muito antes de Sófocles, as mães gregas davam a seus filhos lições de piedade e *sophrosyne*. Mas, como quer que essas virtudes tenham sido admiradas, o certo e que Sófocles não escreveu tragédias para ensiná-las..."

Pelo menos desde Hesíodo, já se sabia na Grécia que uma *hybris* indistinta do *caótico* é o "princípio"; não se ignorava que, como princípio, claramente se demonstra na sucessão das primeiras dinastias divinas; e não podia deixar de se reconhecer que, após o triunfo de Zeus e dos olímpicos, ainda agia, oculta, sob qualquer ordenação cósmica, isto é, sob qualquer esforço disciplinador, mas tentando continuamente excedê-lo. Um *Kósmos* é um *Kháos* momentaneamente disciplinado, um excesso que por instantes é detido no ímpeto de a si próprio se ultrapassar. Que admira, portanto, que os vitalismos e ultravitalismos de raízes românticas tenham descoberto e redescoberto, na Grécia, esses outros contextos, em que a ênfase valorativa recai no extremo contrário da *sophrosyne*? Que admira que a natureza da tragédia ática e do trágico em Homero constitua a grande "invenção" da filologia clássica no século XIX? Pois que seria da tragédia sem a *hybris* do herói trágico, que o é, precisamente, por que não já *sophrosyne* persuasiva a ponto de vitoriosamente se opor a que ele prossiga para além de todas as limitações sugeridas pela prudência, sua ou dos outros? O excesso é tão poderoso, tão autenticamente vital que chega a emprestar vida e vigência ao seu oposto. É o que se depreende, por vezes demasiadas, ao escutarmos ou lermos meticulosas e veementes prescrições de disciplina, mesmo onde nada há que disciplinar. Em si, por si, para si, a disciplina nada é. E — quem sabe? — talvez ela não se exerça contra o excesso, senão como que suscitada pelo mesmo excesso como se o excessivo de si próprio solicitasse a única força contrária, capaz de o mostrar e demonstrar como excessividade.

Decerto, na origem da tragédia, que também é a sua essência, no que, em qualquer tragédia, é verdadeiramente trágico, mora a bipolaridade "disciplina-excesso". Se esta imediatamente se identifica com o binário nietzscheano "apolíneo-dionisíaco"; se Apolo é outra maneira de dizer "disciplina", e Dioniso é outro nome para "excesso", ou de forma não tão radical, se em Apolo predomina e prepondera a tendência para disciplinar o excessivo que prepondera e predomina em Dioniso, essa é outra questão, importante, sem dúvida, mas que nos permitimos deixar, por ora, apenas assinalada. Porém, o que não jaz à sombra de qualquer incerteza é que o trágico mais trágico consiste da contradição insolúvel no plano da vida comum, onde rege a disciplina conservadora (porque talvez aquela a que nos referíamos há pouco seja uma disciplina criadora), e só subsistem enquanto persistem irremediavelmente contrárias, insanavelmente opostas, duas excessividades, que são "heroicas", tragicamente

COMENTÁRIO

heroicas, por se saber que transpor ou não transpor o plano do conflito insolúvel, do mesmo modo significa a morte ou a ruína. Antígona é uma figura trágica porque, sabendo que perecerá se infringir a lei ditada por Creonte e sufragada pela *pólis*, também não ignora que um bem, tanto ou mais precioso do que a vida, nela e com ela morrerá, se não cumprir a lei da Piedade, que está na sua própria natureza de mulher, e assim, afirma-a e confirma-a contra o que julga odioso arbítrio de Creonte. Mas, se tão profundas razões não assistissem ao tirano de Tebas, levando-o a sancionar os próprios decretos, pela condenação do que, também ele, não pensa ser mais que o arbítrio de Antígona — que seria da tragédia de Sófocles? A *sophrosyne*, a disciplina dos excessivos impulsos, ordenava ou que Antígona não enterrasse o irmão morto, ou que Creonte não sepultasse Antígona viva. Em qualquer dos casos, não haveria tragédia.

E as *Bacantes*? Cadmo e Tirésias amoldam-se sem esforço ao "perfil da cultura grega" — excetuada a última proposição, bem entendido! E tão completamente se acomodam ao esquema, que chega a parecer que todo o primeiro episódio serve a intenção do poeta, se relevar a *hybris* de Penteu e do Dioniso "em forma humana". Mas uma tragicidade autêntica, como a da *Antígona*, foi minorada até desaparecer o mais insignificante vestígio do heroico, com um intuito que não pode deixar de ter sido deliberado. Muitas vezes se disse, e repetimo-lo agora: a leitura despreconcebida das *Bacantes* não sustém uma tese que pretenda erigir Penteu às sublimidades do herói trágico. Usando a terminologia aristotélica, pode dizer-se que a ação do tirano decorre, com a máxima verossimilhança, do seu caráter, e de tal maneira que deste, e só, deste, resulta o desfecho lutuoso do drama. Se Eurípides procurasse denegrir o deus, bastava opor-lhe uma personagem como Creonte. Se não o fez, foi por que não quis; se não o quis, foi por que, não obstante o momento de antipática ferocidade da vingança, o dramaturgo já soltara em impetuosa torrente lírica a ideia de que os aspectos "cruéis" da vida são complementares aos seus aspectos "idílicos", e de que ambos se reconciliam na estranha diacosmese dionisíaca. E como esta se expressa mais propriamente em termos de natureza do que em termos de humanidade, só podia resultar ilusiva a figura do Dioniso "em forma humana".

Já foi indicado, com força quase demonstrativa, que o espectador do *Hipólito*, mesmo na Grécia do século V, não se defrontaria com a personagem caracterizada por Eurípides sem que se sentisse enrodilhado em muitas e sérias perplexidades.[10] Torná-lo mais compreensível, conferir-lhe certa diafaneidade, foi o mister que se propuseram os dramaturgos modernos, a partir de Racine, livres que estavam de mais estrita submissão ao mito tradicional. Mas já em Eurípides a fidelidade a Ártemis e a vingança de Afrodite seriam como que projeções em dois planos de relacionamentos entre deuses e homens dos quais não se deduz facilmente o único "projeto" mítico originário.

Uma tragédia grega é reabilitação de um mito tradicional, e talvez Else[11] tenha razão, contra toda a filologia "ortodoxa", em interpretar a catarse aristotélica precisamente neste sentido de reabilitação, atualização, conversão em

---

[10] Wolfgang Fauth. *Hippolytos und Phaidra. Bemerkungen zum religiösen Hintergrund eines tragischen Konflikts*, I—III. Wiesbaden, 1959.

[11] G. F. Else. *Aristotle's Poetics: The Argument*. Cambridge. Mass. 1957 (comentário ao princípio do cap. VI da *Poética*). v. também a tradução do autor e comentário *ad locum*.

diafaneidade racional, da opacidade irracional de mitos que, a seu tempo, já mais não eram do que "mitos". Só que este processo nem sempre se realiza sem que deixe, aqui e ali, sinais de irredutibilidade, uma esparsa e mais ou menos rarefeita granulação residual, sinais ainda perceptíveis dos obstáculos que o mesmo processo teve de contornar, não conseguindo superá-los por completa assimilação. Eurípides parece ter cedido várias vezes a uma bem pronunciada inclinação para o arcaico, e não se ter recusado à tarefa de reabilitar mitos abissais do mundo mediterrâneo pré-helênico.

Por isso, as *Bacantes* é um daqueles contextos em que o "excesso" é mais valorado do que a "disciplina". E se Nietzsche estava certo, ao procurar a origem da tragédia na conciliação dos contrários representados pelo "apolíneo" e o "dionisíaco", este drama só lhe dá razão em dois pontos: o primeiro é que o coro arcaíza, interferindo diretamente na ação; e o segundo é que, como personagem, o mesmo coro parece ser o mais sincero arauto da "disciplina do excesso", embora o seja por renúncia à sabedoria vã dos apologetas, e perniciosa dos ateus.

Enfim, quanto à relação do poeta com esta sua obra, depois do que deixamos escrito no comentário, só podemos consentir na superior veracidade da interpretação de Pohlenz,[12] resumida nas linhas que seguem:

Como compreender que o poeta nos apresente tão significativamente o poder miraculoso do deus? (p. 456) — Com uma clareza, de que dificilmente seria capaz, se não tivesse observado, de imediato, a força sugestiva desta fé; se não a tivesse ele mesmo sentido [...], Eurípides não teria sido quem pela primeira vez se apercebeu do irracional na alma humana, como potência de vida. — 'Que é a

---

[12] Max Pohlenz, *Die griechische Tragödie*, 2ª ed., Göttingen, 1954.

verdadeira sabedoria?' E sempre, em novas variações, o coro dá a inequívoca resposta: 'Não invejo a humana ciência; a sabedoria me apraz seguir, de quantas coisas evidentes e grandes existem. Ó que minha vida corra através da beleza vivida, noite e dia piedosa e santa, adorando os deuses e rejeitando as obras que a justiça impugna'. Tão profundamente ressoa em nosso ouvido esta confissão, que se adivinha que o poeta não se sente aqui como alheado ao pensamento de suas personagens, mas expressa o anseio que lhe dorme nos mais íntimos recônditos do coração. Mas o seu destino trágico é que a ele mesmo lhe fosse recusado a realização desse anseio. (p. 257)

COLEÇÃO DE BOLSO HEDRA

1. *Iracema*, Alencar
2. *Don Juan*, Molière
3. *Contos indianos*, Mallarmé
4. *Auto da barca do Inferno*, Gil Vicente
5. *Poemas completos de Alberto Caeiro*, Pessoa
6. *Triunfos*, Petrarca
7. *A cidade e as serras*, Eça
8. *O retrato de Dorian Gray*, Wilde
9. *A história trágica do Doutor Fausto*, Marlowe
10. *Os sofrimentos do jovem Werther*, Goethe
11. *Dos novos sistemas na arte*, Maliévitch
12. *Mensagem*, Pessoa
13. *Metamorfoses*, Ovídio
14. *Micromegas e outros contos*, Voltaire
15. *O sobrinho de Rameau*, Diderot
16. *Carta sobre a tolerância*, Locke
17. *Discursos ímpios*, Sade
18. *O príncipe*, Maquiavel
19. *Dao De Jing*, Laozi
20. *O fim do ciúme e outros contos*, Proust
21. *Pequenos poemas em prosa*, Baudelaire
22. *Fé e saber*, Hegel
23. *Joana d'Arc*, Michelet
24. *Livro dos mandamentos: 248 preceitos positivos*, Maimônides
25. *O indivíduo, a sociedade e o Estado, e outros ensaios*, Emma Goldman
26. *Eu acuso!*, Zola | *O processo do capitão Dreyfus*, Rui Barbosa
27. *Apologia de Galileu*, Campanella
28. *Sobre verdade e mentira*, Nietzsche
29. *O princípio anarquista e outros ensaios*, Kropotkin
30. *Os sovietes traídos pelos bolcheviques*, Rocker
31. *Poemas*, Byron
32. *Sonetos*, Shakespeare
33. *A vida é sonho*, Calderón
34. *Escritos revolucionários*, Malatesta
35. *Sagas*, Strindberg
36. *O mundo ou tratado da luz*, Descartes
37. *O Ateneu*, Raul Pompeia
38. *Fábula de Polifemo e Galateia e outros poemas*, Góngora
39. *A vênus das peles*, Sacher-Masoch
40. *Escritos sobre arte*, Baudelaire
41. *Cântico dos cânticos*, [Salomão]
42. *Americanismo e fordismo*, Gramsci
43. *O princípio do Estado e outros ensaios*, Bakunin
44. *O gato preto e outros contos*, Poe
45. *História da província Santa Cruz*, Gandavo
46. *Balada dos enforcados e outros poemas*, Villon
47. *Sátiras, fábulas, aforismos e profecias*, Da Vinci
48. *O cego e outros contos*, D.H. Lawrence

49. *Rashômon e outros contos*, Akutagawa
50. *História da anarquia (vol. 1)*, Max Nettlau
51. *Imitação de Cristo*, Tomás de Kempis
52. *O casamento do Céu e do Inferno*, Blake
53. *Cartas a favor da escravidão*, Alencar
54. *Utopia Brasil*, Darcy Ribeiro
55. *Flossie, a Vênus de quinze anos*, [Swinburne]
56. *Teleny, ou o reverso da medalha*, [Wilde et al.]
57. *A filosofia na era trágica dos gregos*, Nietzsche
58. *No coração das trevas*, Conrad
59. *Viagem sentimental*, Sterne
60. *Arcana Cœlestia* e *Apocalipsis revelata*, Swedenborg
61. *Saga dos Volsungos*, Anônimo do séc. XIII
62. *Um anarquista e outros contos*, Conrad
63. *A monadologia e outros textos*, Leibniz
64. *Cultura estética e liberdade*, Schiller
65. *A pele do lobo e outras peças*, Artur Azevedo
66. *Poesia basca: das origens à Guerra Civil*
67. *Poesia catalã: das origens à Guerra Civil*
68. *Poesia espanhola: das origens à Guerra Civil*
69. *Poesia galega: das origens à Guerra Civil*
70. *O chamado de Cthulhu e outros contos*, H.P. Lovecraft
71. *O pequeno Zacarias, chamado Cinábrio*, E.T.A. Hoffmann
72. *Tratados da terra e gente do Brasil*, Fernão Cardim
73. *Entre camponeses*, Malatesta
74. *O Rabi de Bacherach*, Heine
75. *Bom Crioulo*, Adolfo Caminha
76. *Um gato indiscreto e outros contos*, Saki
77. *Viagem em volta do meu quarto*, Xavier de Maistre
78. *Hawthorne e seus musgos*, Melville
79. *A metamorfose*, Kafka
80. *Ode ao Vento Oeste e outros poemas*, Shelley
81. *Oração aos moços*, Rui Barbosa
82. *Feitiço de amor e outros contos*, Ludwig Tieck
83. *O corno de si próprio e outros contos*, Sade
84. *Investigação sobre o entendimento humano*, Hume
85. *Sobre os sonhos e outros diálogos*, Borges | Osvaldo Ferrari
86. *Sobre a filosofia e outros diálogos*, Borges | Osvaldo Ferrari
87. *Sobre a amizade e outros diálogos*, Borges | Osvaldo Ferrari
88. *A voz dos botequins e outros poemas*, Verlaine
89. *Gente de Hemsö*, Strindberg
90. *Senhorita Júlia e outras peças*, Strindberg
91. *Correspondência*, Goethe | Schiller
92. *Índice das coisas mais notáveis*, Vieira
93. *Tratado descritivo do Brasil em 1587*, Gabriel Soares de Sousa
94. *Poemas da cabana montanhesa*, Saigyō
95. *Autobiografia de uma pulga*, [Stanislas de Rhodes]
96. *A volta do parafuso*, Henry James
97. *Ode sobre a melancolia e outros poemas*, Keats
98. *Teatro de êxtase*, Pessoa
99. *Carmilla — A vampira de Karnstein*, Sheridan Le Fanu

100. *Pensamento político de Maquiavel*, Fichte
101. *Inferno*, Strindberg
102. *Contos clássicos de vampiro*, Byron, Stoker e outros
103. *O primeiro Hamlet*, Shakespeare
104. *Noites egípcias e outros contos*, Púchkin
105. *A carteira de meu tio*, Macedo
106. *O desertor*, Silva Alvarenga
107. *Jerusalém*, Blake
108. *As bacantes*, Eurípides
109. *Emília Galotti*, Lessing
110. *Contos húngaros*, Kosztolányi, Karinthy, Csáth e Krúdy
111. *A sombra de Innsmouth*, H.P. Lovecraft
112. *Viagem aos Estados Unidos*, Tocqueville
113. *Émile e Sophie ou os solitários*, Rousseau
114. *Manifesto comunista*, Marx e Engels
115. *A fábrica de robôs*, Karel Tchápek
116. *Sobre a filosofia e seu método — Parerga e paralipomena (v. II, t. I)*, Schopenhauer
117. *O novo Epicuro: as delícias do sexo*, Edward Sellon
118. *Revolução e liberdade: cartas de 1845 a 1875*, Bakunin
119. *Sobre a liberdade*, Mill
120. *A velha Izerguil e outros contos*, Górki
121. *Pequeno-burgueses*, Górki
122. *Um sussurro nas trevas*, H.P. Lovecraft
123. *Primeiro livro dos Amores*, Ovídio
124. *Educação e sociologia*, Durkheim
125. *Elixir do pajé — poemas de humor, sátira e escatologia*, Bernardo Guimarães
126. *A nostálgica e outros contos*, Papadiamántis
127. *Lisístrata*, Aristófanes
128. *A cruzada das crianças/ Vidas imaginárias*, Marcel Schwob
129. *O livro de Monelle*, Marcel Schwob
130. *A última folha e outros contos*, O. Henry
131. *Romanceiro cigano*, Lorca
132. *Sobre o riso e a loucura*, [Hipócrates]
133. *Hino a Afrodite e outros poemas*, Safo de Lesbos
134. *Anarquia pela educação*, Élisée Reclus
135. *Ernestine ou o nascimento do amor*, Stendhal
136. *A cor que caiu do espaço*, H.P. Lovecraft

Edição	Bruno Costa e Iuri Pereira
Coedição	Jorge Sallum
Capa e projeto gráfico	Júlio Dui e Renan Costa Lima
Imagem de capa	Mênade suspensa – Casa do Centenário, Pompeia, antes de 79 a.C.
Programação em LaTeX	Marcelo Freitas
Revisão	Iuri Pereira
Assistência editorial	Bruno Oliveira
Colofão	Adverte-se aos curiosos que se imprimiu esta obra em nossas oficinas em 28 de junho de 2011, em papel off-set 90 g/m², composta em tipologia Minion Pro, em GNU/Linux (Gentoo, Sabayon e Ubuntu), com os softwares livres LaTeX, DeTeX, vim, Evince, Pdftk, Aspell, svn e TRAC.